Livre de Magie Satanique

Aleister Nacht

Livre de Magie Satanique

ISBN: 979-8-9940835-0-5

Publié par
Loki / Speckbohne Publishing

Ce livre a été traduit à l'aide d'une intelligence artificielle. Veuillez excuser toute erreur ou imprécision de traduction.

Première édition

10 9 8 7 6 5 4 3 2 1

Livre de Magie Satanique

Introduction	5
Partie I - Magnum Opus	11
Chapitre Premier	11
Chapitre Deux	15
Chapitre Trois	21
Chapitre Quatre	25
Chapitre Cinq	29
Chapitre Six	31
Chapitre Sept	35
Chapitre Huit	39
Partie II – Rituels et Sorts	43
Chapitre Neuf	43
Chapitre Dix	49
Chapitre Onze	61
Chapitre Douze - Messes Noires	71
Chapitre Treize – Rituel d'Initiation	83
Partie III – Théologie des Ténèbres	107
Chapitre Quatorze	107
Chapitre Quinze	117
Chapitre Seize	123
Chapitre Dix-sept	137
Chapitre Dix-huit	143
Rites et Invocations Démoniaques	153
Glossaire	159

Crie avec le Diable

Introduction

Bienvenue dans le livre théologique de notre église. L'Église de l'Indulgence de Soi ! Nous vous accueillons à bras ouverts. Nous ne vous jugeons pas – vous êtes une création parfaite. Vous pouvez enfin être honnête quant à qui vous êtes vraiment et à ce que vous croyez. Libérez vos inhibitions et soyez vous-même. Avant toute chose, voici quelques vérités concernant notre foi.

Il existe à travers l'univers des forces qui briguent votre contact. Les ténèbres dissimulent ceux qui guettent – attendant et observant. Vous n'en avez pas conscience car votre orientation spatiale est obscurcie par le bombardement incessant du monde sur vos sens.

Vous passez juste à côté de ceux qui souhaitent vous déchirer membre après membre, et vous ignorez la présence de ces bêtes viles et maléfiques. Leurs yeux rouges vous observent avec des désirs venus d'au-delà de ce monde et crachent l'odeur soufrée de l'enfer.

Depuis l'origine des temps, depuis l'abîme sans fond, rôde la plus noire de toutes les noirceurs qui ait jamais existé ou existera jamais. Elle est la récolteuse d'âmes et la marchande d'angoisse, le vide de la mort auquel aucun remède n'existe. La tromperie – l'église moderne !

Vous vivez dans la même sphère mais refusez de reconnaître leur existence. Le jeu primal se joue comme un requiem sombre pour la violence, et vous jouerez le rôle de Souverain. Vous n'êtes pas aussi courageux que vous le pensez. L'enfer exigera son tribut en sang.

Il n'existe que les ténèbres et la lumière – l'une détient le pouvoir de la vie, l'autre celui de la mort. Les runes ont été jetées et les cartes déposées sur l'autel de la douleur. En quoi croirez-vous quand votre heure viendra ? L'église voudrait vous faire croire qu'elle détient les clés de l'au-delà. C'est un mensonge !

J'ai préparé une table pour votre festin cognitif ; si vous acceptez mon invitation, vous dînerez là où peu ont eu la volonté d'aller. Vous êtes précieux pour mon dessein, et moi pour le vôtre. Je vous transmettrai toute la sagesse, et vous connaîtrez tout ce pour quoi les âmes du passé ont brûlé sur le bûcher.

Nous vous acceptons pleinement avec toutes vos imperfections. Vous êtes humain et nous ne vous jugeons pas. Venez.

Vous connaîtrez l'extase d'une sagesse qui dépasse vos années, et Il vous accordera le pouvoir sur la terre et la mer. Ces moutons ignorants seront vôtres pour votre plaisir, et l'on vous appellera Majesté.
Ne vous inclinez pas devant l'église moderne qui adore des sanctuaires d'or et d'argent. Ces hypocrites ont perverti la foi en toute chose autre que l'argent. Que les murs mêmes qu'ils ont bâtis s'écroulent sur eux. Vous êtes plus précieux que leur dogme vide. Venez.
Quand les vents souffleront froidement, vous connaîtrez les secrets de vos ennemis et vous les trancherez de votre psyché et de l'épée tranchante de la vérité.
Vous poserez sur eux des mains invisibles et les précipiterez des falaises de leur bavardage vaniteux dans l'abîme où ils se noieront dans leur propre bile vomie par leurs bouches menteuses. Ils violeront votre âme même !
Vous devez les maudire et savoir qu'ils ne pourront jamais répliquer ; vous rirez de leur douleur et de leur agonie – ces putains lubriques et ces voleurs. De la poussière montera la boue de leur création, et vous cracherez sur eux.
Nous vous accueillerons à bras ouverts. Nous vous demandons simplement de chercher la vérité et de remettre en question leur théologie. C'est un mensonge ! Venez, enfants, et soyez nourris.

Saint est votre nom car vous êtes tenu par le pouvoir des ténèbres, et vous ordonnerez à la lumière de s'éteindre... et elle obéira ! Vous êtes l'héritier d'un royaume ; vous ne devez pas ignorer les signes. Attendez et écoutez les cris qui s'élèvent juste au-delà des portes. C'est vous qu'ils désirent, c'est vous qu'ils auront quand tout sera réglé. Ne résistez pas à votre appel. Vous aurez les richesses que vous méritez. Vous méritez plus que des mensonges fabriqués. Les fanatiques religieux sont des menteurs et des voleurs. Goûtez l'acceptation et l'amour inconditionnel. Venez.
Que votre volonté et vos désirs soient la totalité de la loi, et votre volonté – l'ordre de ceux qui devront s'incliner devant vous et votre divinité – car vous êtes un dieu. Prenez votre place légitime parmi l'éternel et l'intemporel pour régner par le feu sur vos sujets. « Fais ce que tu voudras sera toute la Loi. »
Que doit endurer le temps, et où sont les derniers souffles des prophètes morts d'autrefois ? Pouvez-vous ignorer une liberté loin du soleil et de l'incendie de ceux qui vous entourent dans ce monde de plaisirs temporels ?
L'église ne se soucie que de ce que vous pouvez lui donner. Elle ne vous protégera ni de la faim ni du sans-abri !!! Venez dans notre giron, enfant.
Je vais vous révéler les secrets qui ont été

cachés dans le dogme sombre de la société organisée, et ceux qui vous ont trompé deviendront poussière sous vos pieds.
Je vous guiderai à travers les pièces de la délivrance secrète et vous tiendrai fermement tandis que la terre tremblera sous vos pieds sacrés. Vous devez faire le premier pas... Venez.
Les clubs religieux mendient votre argent tout en bâtissant des sanctuaires toujours plus grands pour proxénètes et prostituées. Ils veulent votre argent et votre âme. Ils vous imposent leurs commandements tout en faisant ce qui leur plaît car ils se sont octroyé la divinité. Ce sont des menteurs et des adorateurs de richesses. Venez avec nous, agneau précieux et immaculé.
Ce livre s'ouvrira grand à vous en soumission, et vous appellerez du fond des ténèbres ceux qui accompliront vos ordres. Le pouvoir est vôtre et le moment est venu. Vous vous le devez. Nous représentons la vérité, eux sont les menteurs cliquistes.
L'église ne se soucie de vous que si vous faites partie de leur club. Ils ont constamment besoin de plus d'argent pour accroître leur pouvoir. Venez.
In nomine Magnum Opus. Introibo ad altare Domini Inferi.

Partie I - Magnum Opus

Chapitre Premier

Le pouvoir que vous allez expérimenter peut être écrasant au début ; il vous faudra vous y habituer progressivement. Il existe de bonnes et de mauvaises pratiques de la magie : la petite magie vous semblera un jeu d'enfant après que vous aurez goûté à la grande magie. La première chose à faire est de vider votre esprit de toute distraction. Vous devrez également vous libérer de toute émotion susceptible d'entraver votre capacité à vous connecter au côté sensuel de votre psyché.

On peut être freiné par une culpabilité auto-induite venue du passé. Cela est parfois difficile à comprendre pleinement pour le praticien. Il est néanmoins capital que vous laissiez derrière vous le passé et que vous vous respectiez en tant qu'être éclairé que vous êtes en train de devenir.

L'église religieuse moderne se nourrit de votre culpabilité. Vous pouvez déposer ce fardeau et accepter votre humanité. Vous êtes parfait tel que vous êtes !!! Ne les laissez pas vous convaincre du contraire.

La préparation mentale est, à certains égards, plus importante que l'évolution physique. C'est dans l'esprit que la magie commence véritablement... au plus profond du côté créatif de votre cerveau. C'est de votre cérébrale fertile que vos vrais sentiments, combinés à une forte dose d'alchimie cognitive, réaliseront vos désirs.

Le pouvoir issu des ténèbres n'a rien d'effrayant. Vous devez croire et accepter la suprématie de la force des ténèbres. Seule la lumière d'une puissance omnipotente peut vous ouvrir les portes de la magie. Vous êtes invité à vous nourrir de la connaissance des ténèbres.

Pendant des années, ceux qui ne comprennent pas ce pouvoir nous ont tournés en ridicule et ont répandu des mensonges pour discréditer notre pratique et notre croyance. C'EST FINI ! Une meule sera attachée à leur cou et ils seront jetés dans les profondeurs de la mer sombre. Ils tordent la vérité pour servir leurs propres désirs égoïstes.

Libérez vos inhibitions et préparez-vous à recevoir ce que certains vendraient leur âme pour obtenir. De la grande lumière jusqu'à la petite lumière lointaine, vous commanderez aux forces invisibles de faire devenir réalité votre volonté.

Vous devez également purger votre esprit de la religion et des mensonges qu'on vous a vendus. Aucune force sur terre n'a eu d'effet plus négatif sur l'humanité que la tromperie religieuse. Plus de sang a coulé pour des questions de religion qu'à propos de tout autre sujet depuis l'aube des temps.

Je n'appelle pas à renier la foi – la foi est nécessaire au praticien, et le spiritualisme est également requis pour pratiquer notre art avec compétence. Vous devez équilibrer votre croyance profonde avec ce qui vous met à l'aise. Il ne vous est pas demandé d'abandonner votre système de croyances. Celui qui abandonne la foi découvrira que les actions décrites ici ne produiront pas les résultats souhaités.

La chambre du sanctum doit être emplie d'une énergie de nature positive, sans la moindre réserve. C'est une condition préalable à la réussite. Toute négativité provoquera une « fuite » psychique qui empêchera la réalisation de vos souhaits. Vous devez en être pleinement conscient.

Chapitre Deux

Les humains sont des créatures primordiales, même si nous paraissons ou croyons être devenus très évolués. Nous restons des animaux et nous conservons la capacité d'agir avec férocité et cruauté les uns envers les autres. Nous ne devons ni ignorer ni tenter de réprimer cette pulsion qui est en nous. Refuser cette compulsion naturelle essentielle, c'est étouffer précisément ce qui fait de vous un être humain.

Nous possédons des motivations et des sens primordiaux qui perçoivent constamment bien plus que nous n'en prenons consciemment conscience ; pourtant, les signaux sensoriels sont toujours là.

Primitifs mais modernes et avancés, barbares au plus profond de notre véritable nature et de notre rôle, nous sommes la somme de siècles d'évolution. Nous conservons encore, après tout ce temps, la faim brute et sauvage ainsi que la colère. Vous devez reconnaître que vous êtes humain et que vous avez été conçu pour fonctionner en tant qu'humain.

En tant que Magus, la nature humaine peut

devenir un outil tout-puissant et extrêmement efficace dans la boîte à outils proverbiale. La forte nature d'une personne la conduira sur le chemin de moindre résistance, lequel réalisera les désirs du Magus. Plus d'une fois j'ai contemplé l'œuvre en cours avec une joie sinistre.

Les sens humains restent très aiguisés pour capter et diffuser le signal émis par autrui. Un homme ne doit pas s'inquiéter s'il transpire abondamment, une femme ne doit pas se sentir gênée durant son cycle naturel. Ce sont des phénomènes parfaitement normaux qui ne doivent susciter ni anxiété, ni nervosité, ni honte. Ce sont des fonctions humaines naturelles.

Quand une femme ovule, de splendides signaux sont transmis au mâle et des réactions chimiques se produisent dans le cerveau et le système nerveux. C'est aussi normal que la libération chimique qui accompagne la dégustation d'un aliment favori. Il n'y a là aucune honte ; cela doit être savouré. L'église a fait de « l'état humain » un péché. CE N'EST PAS VRAI !

Par la religion, les lois et le dogme, les humains ont inversé les valeurs : le bien est devenu mal, le mal est devenu bien. L'abstinence est prônée par l'église, et les hypocrites ont transformé quelque chose d'aussi beau que le sexe en « acte sale ». CE

N'EST PAS VRAI !
Ces choses sont naturelles ! Ne laissez pas des « voyous religieux » vous convaincre du contraire. Vous êtes plus intelligent que ces esprits étroits. Ils causeront votre perte si vous les laissez faire. Ils se réjouiront de votre soumission forcée à leur paquet de mensonges périmés et de bavardages. Ils vous sourient tout en vous plantant un couteau dans le dos !
Vous êtes humain et vous ne devez jamais vous excuser d'être humain. L'église est responsable d'avoir rendu la vie saturée de culpabilité et, pour certains, insupportable.
Lorsque vous vous préparez à entrer dans la chambre, vous devez abandonner toutes vos inhibitions. Les seules limites sont dans votre esprit. Videz vos pensées et laissez la magie circuler dans vos veines. Ouvrez votre esprit et acceptez sans conditions préalables ce qui vous sera transmis.
De l'autre côté sombre de la porte se trouvent des secrets que vous seul pouvez révéler et dont vous récolterez les bénéfices tout au long du voyage. Si vous restez ferme dans votre concentration et votre résolution, vous trouverez enfin ce que vous cherchez depuis si longtemps.
La fureur, la rage et la haine sont aussi des émotions naturelles chez les individus sains. Elles nous font nous sentir vivants et forgent ce

que nous sommes vraiment aux yeux du monde. Ce sont des émotions dangereuses, mais leur énergie peut être captée et la méthode de canalisation s'apprend avec le temps.

Ces états mentaux ne doivent pas être comprimés mais libérés dans l'air qui vous entoure. Si vous ne procédez pas à la libération nécessaire, vous blessez votre propre corps et votre esprit. Cette énergie peut être bien mieux employée en la dirigeant vers celui ou celle qui est responsable de votre colère ou de votre haine.

Des émotions libérées de façon contrôlée sont extrêmement bénéfiques pour le praticien et, de fait, très saines. Ne laissez pas ces charlatans vous voler votre pouvoir et étouffer vos émotions. Maudits soient ceux qui vous disent « Tu dois » ! Ils veulent vous réduire en esclavage.

Leurs mensonges – sacrifices d'animaux ou d'êtres humains – ont trop longtemps pourri. Nous ne tuons PAS d'animaux innocents... POINT FINAL ! Nous ne sacrifions pas de sang innocent comme les Juifs l'ont fait dans leur bible. Ils ont assassiné, violé et chassé des peuples de leurs terres parce qu'ils prétendaient que « Dieu le leur avait ordonné » !! Cette religion vous semble-t-elle familière ? Le sang innocent continue de couler aujourd'hui et coulera encore tant que les

humains ne se lèveront pas pour crier « Assez ! ». Avec des églises à presque tous les coins de rue dans le monde, le bon sens n'a guère de chances de l'emporter de sitôt !
Votre corps est un vaisseau qui éclatera s'il est soumis à une pression excessive. Soyez-en conscient et agissez en conséquence. Écoutez votre corps et votre esprit. Évaluez votre état d'âme et évacuez quand vous le jugez nécessaire. Si quelqu'un vous réprimande, ne tendez pas l'autre joue : écrasez-le dans la poussière de la terre. Vous ne devez rien à personne, sauf à vous-même. Crachez sur leur précieuse église de plusieurs millions de dollars. Elle ne sert que les membres de leur club religieux.
Ainsi soit-il !

Chapitre Trois

« Plus j'étudie les religions, plus je suis convaincu que l'homme n'a jamais adoré autre chose que lui-même. »
Sir Richard F. Burton Explorateur africain (1821-1890)

Je suis entièrement d'accord avec cette citation intelligente et éclairante. Les gens n'adorent qu'eux-mêmes à travers toutes leurs actions. Les menteurs égocentriques sont partout et ne cherchent que leur propre intérêt. L'église le prouve à chaque instant par ses positions sur les sujets d'hier, d'aujourd'hui et de demain.

Tout le monde se croit le plus intelligent, le plus talentueux, le plus beau ou la plus belle, le plus divertissant. Ce sont des fous auto-illusionnés qui ne devraient pas être surpris quand une personne rationnelle finit par leur « mettre le nez dans leur fantasme ». Ce sont eux qui vous planteraient un couteau dans le dos s'ils n'étaient pas d'aussi lâches imbéciles.

Il est intéressant de noter que ces vampires psychiques rentrent aussitôt la queue entre les jambes et s'enfuient dès qu'une personne à la volonté forte et à l'intelligence supérieure remet en question leurs odieuses tirades. Ce

sont la lie de la terre, indignes même de vous laver les pieds. Ils se cachent derrière leur doctrine, raillent celle des autres tout en remplissant leurs caisses avec l'argent du sang des âmes perdues qu'ils ont extorquées.
La plupart de ces sangsues ont fantasmé leur propre grandeur et s'offusquent violemment quand un pratiquant sain de la Voie de la Main Gauche les interroge. Quel gaspillage d'espace et quel fardeau pour les autres membres productifs de la société ! Ils se croient au-dessus de toute remise en question et estiment que tout le monde doit gober leurs mensonges parce que « Dieu a dit... ». Ils se cachent derrière Dieu pendant qu'ils mentent et se congratulent. Ils volent notre État en ne payant pas d'impôts comme nous y sommes tous obligés, et ils corrompent les politiciens pour que les lois soient écrites selon leurs désirs. Ils sont une abomination.
Les ténèbres sont saturées de la puanteur de leur vantardise et de leur fanfaronnade. Les flammes de la haine brûlent plus fort à chaque inspiration de ces porcs stupides, simples et futiles à la nature puérile.
Qu'ils soient piétinés sous vos pieds ; de la poussière ils sont venus, à la poussière ils retourneront, on l'espère bientôt. Ils sont une perte de votre temps et des voleurs de votre énergie créatrice. Vous avez tout intérêt à les repousser dès le premier contact plutôt que de

laisser le cancer se développer et vous consumer... jusqu'à votre mort cognitive et spirituelle.

Ces lunatiques sont stupides dans leur vie quotidienne et hurlent au secours quand, par leurs propres actions idiotes, ils se retrouvent au bout pitoyable de leur corde misérable. Ils abusent de la loi puis exigent que la loi protège leurs droits. Ce sont des idiots qui refusent d'assumer leurs responsabilités mais sont les premiers à pointer du doigt les fautes des autres. Ils méritent les morsures des serpents et les piqûres des scorpions... faibles, misérables et pitoyables menteurs.

Ne perdez jamais votre temps avec ceux qui ne vous rendront jamais ce que vous leur offrez. Il existe d'autres personnes qui apprécieront votre synergie et sauront, métaphoriquement, « apporter quelque chose d'intelligent et d'éclairant à la table ». Une relation exige une contribution égale des deux parties.

Certains tenteront de vous utiliser et de vous manipuler par le mensonge. Vous êtes un guerrier capable et supérieur ; vous ne devez pas vous sentir coupable de les traiter avec mépris et hostilité. La faveur sourira aux forts qui acceptent de déverser leur animosité sur ces bouffons. Vous ne devez de responsabilité qu'aux responsables.

Si quelqu'un vous fait du tort, il est dans votre

intérêt de rester calme et maître de vos réactions. Le caractère de nombreux conjureurs, sorciers, prophètes et enchanteurs s'est perdu parce qu'ils ont agi sans réfléchir, ouvrant ainsi un abîme sans fond de négativité. Dès que cela arrive, l'adversaire a gagné. C'est un point capital, car vous pouvez aussi retourner cette faiblesse à votre avantage. L'humain n'a ni griff3s, ni crocs, ni aucune arme de défense physique... seulement la logique et la capacité cognitive. Soyez donc malin dans vos réactions face aux imbéciles et choisissez bien vos mots.

Croyez-vous en vous-même ? Pouvez-vous libérer votre esprit et accueillir le chapitre et le verset consacrés et sacrosaints que vous êtes en train d'absorber ? C'est ici que raison et intelligence se combinent à la certitude de la magie pour produire une conscience élevée et une maîtrise accrue. Cela vous mènera à la vérité, mais vous devez accepter cette vérité et la traiter comme bon vous semble. Si vous attendez de grandes choses, vous devez aussi être prêt à accueillir de grandes choses. Soyez bienveillant envers ceux qui le méritent, plutôt que de gaspiller votre amour sur des ingrats ! Soyez vengeance plutôt que de tendre l'autre joue !

Chapitre Quatre

« Sans religion, on verrait des gens bons faire de bonnes choses, et des gens mauvais faire de mauvaises choses. Mais pour que des gens bons fassent de mauvaises choses, il faut la religion. » Stephen Weinberg

Quand vous étiez enfant, on vous a probablement découragé de développer le côté magique de votre psyché. Ce n'était peut-être pas intentionnel, mais cela s'est produit malgré tout.

L'innocence d'un enfant peut contenir l'imagination d'un adulte. Lorsqu'un enfant prétend avoir un ami imaginaire, les adultes l'acceptent jusqu'au moment où l'enfant met ses parents dans l'embarras ou « va trop loin dans la prétention » selon l'avis du parent.

Repensez à votre enfance. Vous souvenez-vous d'une phrase magique que vous utilisiez pour obtenir ce que vous vouliez, ou de mots secrets que vous pensiez intérieurement et qui faisaient arriver ce que vous désiriez ?

Le pouvoir des mots est largement sous-estimé. Dans le monde cybernétique d'aujourd'hui, on utilise de moins en moins de mots ; on suppose de plus en plus que le destinataire de votre message comprendra ce que vous voulez dire grâce à des symboles et des abréviations. La communication devient peu à peu un art perdu, mais elle conserve néanmoins des attributs dynamiques et persuasifs.

Certains mots semblent exploser dans l'atmosphère dès qu'on les prononce, d'autres font surgir exactement les mêmes pensées – ou des pensées très proches – dans l'esprit de celui qui les reçoit. Les mots sont vivants, et le bon choix de mots peut ouvrir les portes du monde.

Tout au long de nos routines quotidiennes, nous communiquons constamment, même quand nous ne parlons pas. Le langage corporel en dit autant, voire davantage, sur l'état d'esprit d'une personne que les paroles elles-mêmes. Une personne qui bâille pendant une conversation communique inconsciemment son ennui ou son désintérêt.

Beaucoup de « voyants » autoproclamés sont bien moins doués pour lire l'avenir que pour lire une personne : son expression faciale, son langage corporel, son ton de voix, etc. Les réactions de celui qui demande une consultation racontent l'histoire au voyant, et la prédiction commence à prendre forme.

Il est intéressant de constater que la science de la psychologie peut être facilement utilisée dans la Petite Magie. Si vous connaissez les motivations et les désirs d'une personne, vous pouvez faire certaines suppositions et recueillir d'autres indices. Vous pouvez alors dire à cette personne exactement ce qu'elle veut entendre.
« Bénis soient ceux qui ont la main de fer, car les inaptes fuiront devant eux. Maudits soient les pauvres d'esprit, car on crachera sur eux ! »

Chapitre Cinq

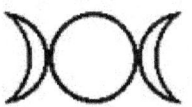

Notre monde est constitué d'énergie… à la fois positive et négative. En tant que praticien, vous manipulez les forces énergétiques de manière à réaliser votre volonté. Vous devez être familier des caractéristiques de l'énergie pour pouvoir manier efficacement vos souhaits magiques.

Tout possède une énergie. C'est la source de l'adage « Ce qui est en haut est comme ce qui est en bas… ». De même que les étoiles au-dessus de nous emplissent le ciel nocturne d'innombrables points lumineux, de même les particules subatomiques, invisibles à l'œil nu, existent en dessous de nous.

L'invocation de l'énergie peut prendre de nombreuses formes différentes, et le magus doit adapter la séance à ce qui est nécessaire pour obtenir les résultats désirés.

Comme en toutes choses, il n'existe pas d'absolu ; c'est pourquoi il est important de tenir un Grimoire dans lequel vous consignerez les séances et leurs résultats. Tout comme le chimiste note ses expériences en laboratoire, vous devez faire de même au cours de votre pratique.

Les puissances de l'énergie peuvent être

libérées par le praticien accompli, et les désirs de la séance se réaliseront avec succès. La libération qui s'opère à l'intérieur de la chambre peut être telle que ses effets se font encore ressentir pendant des heures par tous les participants.

Le nettoyage de toute énergie accumulée avant et après la cérémonie est extrêmement important. Une énergie négative ou un excès d'énergie résiduelle peut être nuisible au magus comme aux autres participants.

Il existe de nombreuses théories sur les méthodes d'élimination, d'ancrage, de protection et de blindage contre les sous-produits des séances énergétiques épuisées. L'esprit et l'imagination jouent un rôle clé dans l'ancrage ; de nombreux praticiens ont façonné leurs propres techniques au fil des années d'expérience. Encore une fois, il n'y a pas d'absolu, et c'est la pratique qui rend parfait dans toute entreprise magique.

La purification de votre esprit par une hygiène psychique est une bonne habitude à prendre dès le début de la pratique de la magie. Sauter cette étape, c'est s'exposer à des échecs et, pire, risquer que l'énergie que vous avez mobilisée vous revienne sous une forme négative.

Chapitre Six

Une femme représente la continuité de la lignée de vie et la terre fertile de Mère Terre. Elle est complexe, fascinante, mystérieuse et, pour beaucoup d'hommes, la ressource naturelle la plus précieuse au monde. Sans les femmes, la plupart des hommes sont tout simplement incomplets.

À travers la beauté de son corps, elle peut façonner la volonté de nombreux hommes qui, sans s'en rendre compte, sont immédiatement captivés par son image. S'il est une puissance qui a jamais pris forme et marché sur la terre, c'est bien la femme. Il n'est pas seulement important de savoir capter l'attention d'un homme, mais surtout de savoir quoi en faire une fois qu'on l'a obtenue.

L'attraction et le désir sont des forces puissantes de la nature qui assurent la perpétuation de notre espèce. Les « bigots » ont dégradé le désir en quelque chose dont on devrait avoir honte lorsqu'on l'éprouve. C'est ce mensonge qui pousse beaucoup de gens à chercher des exutoires malsains, voire illégaux, à leurs fantasmes sexuels.

Une femme nue sert d'autel lors des séances de magie cérémonielle. Elle est allongée sur la table d'autel, sa peau exposée aux participants de la séance. Elle est la plus merveilleuse de toutes les délices ; ses seins et son corps découverts appellent les sens primordiaux des hommes.

Certains jugeront cela vulgaire ou une simple exploitation de la femme ; il n'en est rien. Les bons ingrédients produisent la magie la plus puissante, et une femme apporte des forces énergétiques qu'on ne trouve nulle part ailleurs sur terre. Ce n'est pas un comportement de courtisane, c'est la beauté même, l'essence même du mot.

À proprement parler, l'autel d'une cérémonie ne doit pas être considéré comme une concubine sexuelle ; loin de là. En réalité, tout rapport sexuel avec l'autel est interdit pendant le travail magique. L'énergie du rituel serait perdue dans une frénésie de désir si on la laissait se dégrader jusqu'à l'acte le plus primal. Cela doit être évité pendant le travail, mais peut avoir lieu après la clôture de la cérémonie – et uniquement de manière consensuelle, bien entendu.

Dans la société d'aujourd'hui, de nombreuses histoires d'horreur circulent dans les médias concernant des enlèvements à des fins cérémonielles. Encore une fois, c'est une fausse accusation : l'autel doit être, je le

répète, doit être parfaitement consentant.
Le but de la cérémonie est de susciter une énergie positive pour la réalisation de la volonté. Si la femme est contrainte ou forcée d'une quelconque manière, l'énergie positive sera annulée par la négativité générée par un tel acte. C'est pourquoi les mythes de « l'esclavage cérémoniel » ne sont que des légendes urbaines créées par l'église. Satan a toujours été le bouc émissaire de l'histoire ; sans Lui, l'église n'existerait pas.
Le sacrifice d'animaux est également strictement interdit. Verser du sang innocent est négatif et ruine le travail magique. Jamais un animal ne doit être sacrifié ! Cela est en contradiction totale avec les Juifs et les Chrétiens qui pratiquent ce crime barbare contre la nature. Puisqu'ils ont écrit et modifié la Bible et imposent l'obéissance à celle-ci, ce sont eux qui pratiquent l'esclavage et le meurtre, pas le sataniste !
La magie sexuelle utilise la sexualité afin d'accomplir la magie. C'est un appel à cesser de lutter contre cette force humaine la plus puissante et à en exploiter les possibilités. Au sein d'une relation sexuelle ouverte et respectueuse, nous pouvons faire l'expérience de nous-mêmes dans tous nos aspects : la part animale, la part humane et la flamme divine qui est en nous. Ainsi l'homme-bête-Dieu est relié, de même que la femme-bête-

Déesse.

Pendant l'excitation sexuelle, une énorme quantité d'énergie peut être canalisée vers le haut, des organes génitaux le long de la colonne vertébrale jusqu'au sommet du crâne. En montant, cette énergie remplit et nettoie les blocages des chakras causés par des blessures émotionnelles et psychologiques.

La magie sexuelle ne nécessite pas de connaissance préalable de la magie cérémonielle. Toute personne qui se consacre à maîtriser et diriger ses énergies sexuelles à des fins magiques, et qui jouit d'une condition physique raisonnable, est capable de pratiquer la magie sexuelle.

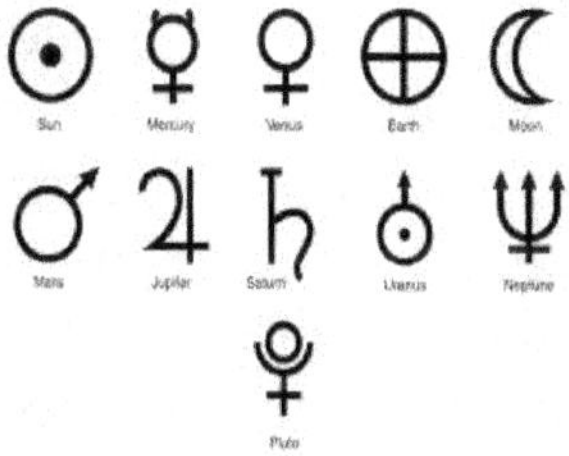

Chapitre Sept

Le pouvoir de la pleine lune a souvent évoqué, dans l'esprit des pratiquants Wiccans, l'image de cercles de sorcières. La cérémonie de pleine lune est un exemple parfait de l'environnement riche en énergie que procure la puissance lunaire.

Notre magie, elle, est différente : nous pouvons opérer notre magie avec une puissance et une énergie égales sans avoir besoin de pleine lune. Les cycles lunaires ne contrôlent pas la pratique de notre art ; même si une pleine lune offre une meilleure « vibration » au magus, elle n'est en aucun cas obligatoire.

La disposition des corps célestes ne dicte pas non plus le travail de notre magie. L'alignement des astres peut être important pour les horoscopes ou d'autres pratiques occultes, mais pas pour nos initiatives cérémonielles.

Le sanctum intérieur est la zone la plus sacrée de notre pratique. Nous aborderons ce sujet en détail dans la Partie II, où nous décrirons des exemples de cérémonies et de travaux. L'éclairage, le décor, l'autel et les autres outils seront également évoqués plus tard.

La Déesse est représentée comme la Mère

Terre : source de tout ce qui est bon et nécessaire à la survie même de notre espèce. Sans la présence bénie de la Déesse, l'énergie n'atteindra jamais le niveau requis pour opérer une magie véritablement puissante et des sorts aussi anciens que la terre elle-même.

Nous reconnaissons le pouvoir de certaines pierres et métaux précieux, mais contrairement à la Wicca, nous n'en avons pas besoin durant la séance. Nous apprécions la croyance en leurs pouvoirs mystiques, mais nous ne la considérons pas comme obligatoire pour nos travaux.

Au cours d'une cérémonie, divers outils sont utilisés à des fins magiques précises. À première vue, ces instruments ressemblent à des armes – dagues et couteaux.

Cela peut effrayer ceux qui assistent à une cérémonie pour la première fois. Il faut donc s'attendre à ce que certains participants éprouvent une légère appréhension.

Pour cette raison, le Maître Vénérable de la cérémonie doit prendre un moment pour expliquer et rassurer les nouveaux membres. Souvenez-vous : l'objectif est l'énergie positive; la peur engendre des émotions négatives et de l'énergie négative.

Au sein de la hiérarchie du groupe se trouvent :

le Maître Vénérable (Célébrant),

l'Illuminator (qui tient la bougie pour que le

Célébrant puisse lire le Livre du Rituel),
le Diacre (ou Sous-diacre),
la Lumière de l'Est, la Lumière du Sud, la Lumière du Nord (qui se tiennent aux points cardinaux),
et la Congrégation.
L'exécution de certains rites nécessitera la présence de tous les postes désignés, mais beaucoup de cérémonies ne requièrent que le Célébrant, l'Illuminator et le Sous-diacre.
L'usage des bougies est essentiel à la cérémonie ; il faut en prévoir un nombre suffisant pour assurer un éclairage adéquat. Les bougies doivent être la seule source de lumière pendant le rituel.
Les bougies noires sont les plus fréquemment utilisées, mais au moins une bougie blanche est obligatoire à chaque rite. Des bougies rouges peuvent être employées en complément des noires et blanches, mais ne peuvent en aucun cas les remplacer.
Les bougies parfumées ne sont pas obligatoires; cela reste au choix des pratiquants. L'encens, lui, est important – généralement du santal – lors d'une cérémonie en intérieur. Les séances en extérieur doivent également utiliser de l'encens.
La chambre doit être drapée de noir ou recréer, d'une manière ou d'une autre, l'atmosphère d'une chapelle médiévale ou gothique. L'accent doit être mis sur la sobriété et

l'austérité, plutôt que sur le luxe et le clinquant. La chambre (ou sanctum) est le lieu où se déroule le rite. Le travail commence et s'achève à l'intérieur du cercle de la chambre. Si la cérémonie a lieu en extérieur, le travail doit être confiné à une zone centrale autour de l'autel. La congrégation se placera autour des porteurs de postes pendant le rituel.

Chapitre Huit

En tant que disciple de la Voie de la Main Gauche, vous allez évoluer et apprendre des techniques de plus en plus avancées. Une chose dont vous devez absolument vous souvenir : la magie que vous pratiquez fonctionne et elle est extrêmement puissante. Si vous oubliez cette vérité toute simple, vous vous exposerez à de sévères effets contraires.

Dès l'instant où vous franchissez la porte du sanctum intérieur, vous entrez dans un monde de forces opposées. Seuls les forts triompheront ; les faibles s'effriteront en poussière. Utilisez la magie, votre corps, votre esprit et toute votre énergie pour œuvrer en direction de l'objet de votre désir.

Au fur et à mesure que vous commencerez à ressentir la conscience exacerbée que procure le travail, vous rencontrerez de l'opposition dans vos interactions et vos affaires quotidiennes. Vous serez tenté de penser « tout va mal » pendant la journée et vous pourriez accuser la malchance, le karma ou votre nouvelle pratique. Ne désespérez pas : vous entrez dans la phase d'équilibrage où la

puissance de l'adversité vous rendra en réalité plus fort et plus compétent.
C'est normal et même nécessaire à la progression de votre magie. Si vous n'exercez pas votre « muscle » psychique, vous ne deviendrez jamais plus fort. La pratique mène à la perfection, et votre pratique accroîtra votre efficacité et votre potentiel. Vous avez été choisi ; vous réussirez dans vos entreprises... restez positif dans votre quête.
Lorsque nous explorerons le sanctum intérieur dans la Partie II, vous comprendrez les gestes, mais peut-être pas encore leur signification profonde. Concentrez-vous sur les actions et canalisez votre énergie. La connaissance viendra avec le temps. Aucun livre ne vous enseignera jamais tous les rouages intérieurs du cercle, mais cet ouvrage jettera un peu de lumière sur les ténèbres.
Il est également important de souligner que le satanisme représente l'« anti » ou l'adversaire de l'église... et non de Dieu. Certains ne croient même pas en Satan ! Ils croient simplement en l'opposé de l'église et des mensonges propagés par les religions organisées.
Nous allons maintenant commencer..............Ainsi soit-il.

NEMA ! LIVEE, MORF SU REVILLED TUB NOISHAYTPMET OOTNI TON SUH DEEL SUS TSHAIGA SAPSERT TAHT YETH. VIGRAWF EU ZA SESAPSERT RUA SUH VIGRAWF DERB ILAID RUA YED SITH SUH VIG NEVEH NI SI ZA THRE NI NUD EEB LIW EYTH MUCK MODNGIK EYTH MAIN EYTH EEB DWOHLAH NEVAH NI TRA CHIOO. RETHARF RUA !

Partie II – Rituels et Sorts
Chapitre Neuf

« Sur l'autel du Diable, le haut est le bas, le plaisir est douleur, les ténèbres sont lumière, l'esclavage est liberté, et la folie est santé d'esprit. La chambre rituélique satanique est le cadre idéal pour accueillir des pensées inavouables ou un véritable palais de la perversité. »
Anton LaVey

Les parodies de la messe de l'Église établie ne sont certes pas nouvelles ; beaucoup des premières moqueries de la messe rédigées au Moyen Âge n'avaient pour seul but que la parodie, généralement jouées lors de fêtes ecclésiastiques comme des réjouissances humoristiques, et certainement sans les connotations infernales de la Messe Noire.

Depuis le Moyen Âge, l'idée persiste qu'il existe un rituel – ou une catégorie de rituels similaires – qui parodie la messe traditionnelle de l'Église et dans lequel les participants prêtent allégeance au Diable.

Ce type de rituel est connu sous le nom de Messe Noire ; bien qu'il n'existe pas de corpus rituel officiellement établi, on considère généralement qu'il inclut certains éléments communs : profanation de la messe traditionnelle par la corruption des prières ou leur récitation à l'envers, souillure de la croix et de l'hostie (considérée comme le corps du Christ dans la messe catholique), et utilisation d'une femme nue servant d'autel sur laquelle des actes sexuels sont souvent accomplis.
La moquerie ne doit jamais être la force motrice d'un rite ou d'un rituel. Les principes de base sont bien plus importants que cela. La force doit servir à réaliser les désirs du praticien. Cette libération comblera le vide spirituel avec lequel nous naissons tous et que nous cherchons à remplir.
La préparation est aussi importante que le rituel lui-même et doit être prise au sérieux. Une fois que vous vous immergez dans le domaine magique, le temps ne doit plus avoir d'importance. Si vous participez à un rituel avec d'autres personnes, respectez leur préparation et laissez-les accomplir leur propre processus.
L'idée selon laquelle un rituel ne serait qu'une orgie sexuelle est également fausse. L'accumulation émotionnelle générée par le désir est certes une force énergétique précieuse, mais accomplir un rite dans le seul

but d'avoir des relations sexuelles, c'est « passer à côté du point magique ».
Bien que le sexe soit encouragé entre adultes consentants et également impliqués, il n'est pas le seul élément de la vie humaine et peut même devenir un obstacle dans la magie. Une personne doit conserver son libre arbitre, mais aussi comprendre que certaines actions ont des conséquences.
Rompre la confiance, par exemple, endommage une relation. C'est pourquoi chacun doit assumer la responsabilité de ses actes et choisir consciemment de ne pas blesser l'autre personne ou partenaire.
Des relations sexuelles libres avec d'autres personnes ne doivent être envisagées que par ceux qui ne sont engagés avec personne. Cela peut sembler une restriction, mais cela évite de blesser autrui – ce qui génère des réactions et de l'énergie négatives. Respectez vos engagements envers les autres. Souvenez-vous : assumez vos actes.
L'autel est une femme nue ; elle jouera un rôle très important dans l'exécution du rituel. Elle sera l'objet du désir et portera le rite jusqu'à son paroxysme. Elle est à la fois merveilleuse et perverse. Elle doit être adorée comme une créature précieuse issue d'une création céleste.
Le son d'une cloche frappée neuf fois purifie l'air ; cela ouvre et clôt chaque cérémonie. Les

actions doivent être consignées dans un Grimoire et relues plus tard. Le compte rendu n'a pas besoin d'être exhaustif ; il peut ne porter que sur les moments clés du rituel.

Lors de l'exécution d'un rituel, on porte généralement une robe noire à capuchon. Aucun vêtement n'est porté sous la robe ; le seul bijou autorisé est souvent un collier auquel est suspendu un pentagramme. D'autres parures peuvent être portées si elles sont pratiques. Le capuchon reste rabattu pendant la cérémonie. Des masques sont fréquemment utilisés, surtout lors de rites impliquant du jeu de rôle.

Une épée est utilisée par le Célébrant pour désigner les points cardinaux et diriger les mouvements de l'assemblée. À défaut d'épée, un long couteau peut faire l'affaire.

Un rituel sexuel est communément appelé charme ou sortilège d'amour. Son but est de créer du désir chez la personne désirée ou de convoquer un partenaire sexuel pour combler vos propres désirs.

Si vous n'avez personne en tête assez précise pour susciter un désir sexuel direct aboutissant à l'orgasme, vous ne réussirez pas un travail pleinement efficace. Ce rituel est généralement pratiqué en privé, sauf si le praticien souhaite le soutien d'un groupe.

Dans le cas d'un rituel de compassion ou d'amour, il est utile que le bénéficiaire ait foi en

la magie ; en revanche, la victime d'un maléfice ou d'une malédiction est bien plus vulnérable si elle n'y croit pas.
Le rituel de compassion (ou de sentiment) est accompli pour aider autrui ou pour s'aider soi-même. Santé, bonheur domestique, réussite professionnelle, succès matériel, excellence scolaire ne sont que quelques-unes des situations couvertes par un rituel de compassion.
La troisième force motrice est celle de la destruction. Il s'agit d'une cérémonie utilisée pour la colère, l'agacement, le mépris, le dédain ou la haine pure. On l'appelle maléfice, malédiction ou agent de destruction. Ce rite puissant est utile contre ceux envers qui vous nourrissez animosité ou haine.
La magie se divise en deux grandes catégories : rituelle (ou cérémonielle) et non rituelle (ou manipulative). La magie rituelle consiste en l'exécution d'une cérémonie formelle qui se déroule, au moins en partie, dans un espace réservé à cet effet et à un moment précis.
Sa fonction principale est d'isoler l'énergie adrénaline et émotionnelle autrement dissipée, puis de la convertir en une force dynamiquement transmissible. Il s'agit d'un acte purement émotionnel, et non intellectuel.
« Le résultat ultime de protéger les hommes des conséquences de leur folie est de remplir le monde d'imbéciles. »

– Herbert Spencer

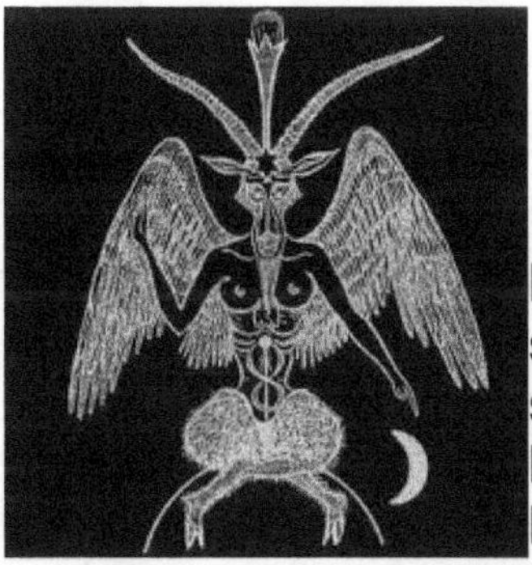

Chapitre Dix

L'essence du rituel satanique, et du satanisme lui-même, lorsqu'on l'aborde par la logique plutôt que par le désespoir, est d'entrer objectivement dans un état subjectif. Il faut cependant réaliser que le comportement humain est presque entièrement motivé par des impulsions subjectives.

Il est donc difficile de rester objectif une fois que les émotions ont imposé leurs préférences. Puisque l'homme est le seul animal capable de se mentir à lui-même et de le croire, il doit consciemment tendre vers un certain degré de conscience de soi. Dans la mesure où la magie rituélique dépend de l'intensité émotionnelle pour réussir, tous les moyens propres à susciter des émotions doivent être employés.

Les ingrédients de base pour jeter un sort peuvent être classés en cinq catégories : désir, timing, imagerie, direction et équilibre. Le contenu de ce volume présente le type de rite satanique qui a été utilisé par le passé pour des fins productives ou destructrices

spécifiques.
Parce que le rituel provoque souvent de profonds changements, tant dans la chambre rituélique qu'après coup dans le monde extérieur, on associe facilement la récitation à l'envers du Notre Père à la Messe Noire et, par extension, au satanisme lui-même.
Le satanisme représente en réalité le point de vue opposé et agit donc comme un catalyseur de changement. Tout au long de l'histoire, il a fallu un « méchant » pour que ceux qui se considèrent « bons » puissent prospérer. Il était donc prévisible que les premières Messes Noires inversent la liturgie existante, renforçant ainsi le blasphème originel de la pensée hérétique.
Le satanisme moderne reconnaît le besoin qu'a l'homme d'un « autre côté » et accepte réalistement cette polarité – du moins dans les limites d'une chambre rituélique. Ainsi, une chambre satanique peut servir – selon le degré d'ornementation et l'ampleur des actes qui s'y déroulent – de chambre de méditation pour accueillir des pensées inavouables ou de véritable palais de la perversité. Tout dépend du praticien.
Les rituels concernant l'invocation d'esprits des morts, la résurrection de cadavres, ainsi que les sceaux, charmes et sorts magiques ont été délibérément omis de cet ouvrage afin d'éviter qu'ils ne soient utilisés à la légère par ceux

dont l'intérêt pour la magie se limite à l'acquisition de richesses ou à la satisfaction d'ambitions vaines. Si vous le désirez vraiment, les esprits vous révéleront eux-mêmes toutes sortes de sorcelleries grâce auxquelles vous obtiendrez ce que vous désirez. Ce livre vous offre la clé pour franchir les Portes de l'Enfer et ne faire qu'un avec les Forces des Ténèbres. Au lieu de vous donner des sorts, charmes et sceaux pour un bénéfice matériel, il vous donne les moyens de les obtenir par vous-même.

Avant d'exécuter ces rituels, vous devez prendre un « Bain de Purification » dans de l'eau salée. Le sel est un agent purificateur universel. Ce bain enlèvera toute influence psychique, qu'elle soit « positive » ou « négative » : malédiction comme bénédiction, présence d'esprit ou de démon. Remplissez votre baignoire d'eau chaude, jetez-y une tasse de gros sel, puis plongez-vous entièrement dans l'eau. Vous devez immerger tout votre corps pour être certain que toute influence psychique soit éliminée. Une fois cela fait, vous serez dans une position « neutre » à partir de laquelle commencer ces rites. Il est important de ne le faire qu'une seule fois, avant de commencer. Un second Bain de Purification vous obligerait à tout recommencer depuis le début.

Les rituels peuvent prendre la forme que vous

souhaitez. Il n'est pas indispensable d'occulter toutes les sources de lumière extérieure, sauf si vous êtes facilement distrait. Vous pouvez adapter les rituels à votre goût, mais ils doivent être mémorisés. C'est pourquoi j'ai laissé les invocations simples et répétitives. Vous n'aurez aucune difficulté à les apprendre par cœur et vous pourrez facilement y ajouter vos propres ornements une fois dans la chambre rituélique.
Par l'exécution de ces rites, vous vous consacrerez aux Forces des Ténèbres, vous consacrerez votre corps comme temple du Seigneur des Ténèbres, vous franchirez les Portes de l'Enfer et ne ferez qu'un avec les Forces des Ténèbres. Cela diffère de tous les autres systèmes de magie impliquant l'invocation d'esprits. Les magiciens blancs se tiennent dans des pentagrammes protecteurs, portant des amulettes pour se protéger des forces qu'ils appellent.
Dans la Bible Satanique, Anton LaVey se moquait de l'hypocrisie de ceux qui tentaient de se protéger des forces mêmes qu'ils invoquaient pour obtenir de l'aide. Les prêtres sataniques savent depuis longtemps que les « Forces des Ténèbres » peuvent être invoquées (ou plus exactement « évoquées ») dans le corps même du sorcier, mais de tels rituels n'ont jamais été rendus publics en raison du danger inhérent. Dans d'autres rituels, les démons sont invoqués comme des

forces extérieures (peut-être amicales, mais extérieures au magicien) que le sataniste peut diriger et contrôler. Beaucoup de praticiens moins expérimentés craignent encore ces forces qu'ils appellent comme quelque chose d'étranger à eux-mêmes et « mauvais ».

Ce qui deviendra évident pour celui qui pratique ces rites, c'est que Satan, Lucifer, Bélial et Léviathan sont des aspects de la psyché humaine, des archétypes qui existent dans le subconscient et l'esprit sub-rationnel, et non des entités extérieures capables d'influencer le magicien vers le bien ou le mal. L'objectif de ce système de magie n'est pas d'« invoquer » Satan jusqu'à l'apparition physique (ce qui ne serait qu'hallucination), mais de devenir Satan (ou d'actualiser cette part de la psyché que l'on nomme « Satan ») ; non d'invoquer Lucifer mais de devenir Lucifer; non d'invoquer Bélial mais de devenir Bélial; non d'invoquer Léviathan mais de devenir Léviathan. Le but de ces invocations est d'acquérir pouvoir, connaissance et illumination en activant ces parties du cerveau que l'on a appelées les « Forces des Ténèbres ».

Rénonciation & Proclamation (réciter trois fois)

Je renonce à Dieu.

Je renonce à Jésus.

Je renonce aux anges et aux archanges.

Je renonce à l'Église catholique romaine.

Je renonce à tout ce qui est saint et à tout ce

qui est bon.
Je renonce à tous les dieux.
Et je proclame que Satan Lucifer est le Seigneur de ce Monde.
Je proclame que Satan Lucifer est le Dieu de la Terre.
Je proclame que Satan Lucifer est mon Maître.
(boire au calice)

Pacte – Offrande du Corps, de l'Esprit et de l'Âme (écrire sur parchemin, réciter trois fois, puis brûler)
Je donne mon corps à Lucifer.
Je donne mon esprit à Lucifer.
Je donne mon âme à Lucifer.
Ma chair est Sa Chair.
Mon sang est Son Sang.
(boire au calice puis…)

Lucifer, accepte ce sacrifice que je Te fais.
Consécration du Corps au nom de Satan et de Lucifer
Je bénis et consacre ces pieds au nom de Satan et au nom de Lucifer. (x3)
Je bénis et consacre ces jambes au nom de Satan et au nom de Lucifer. (x3)
Je bénis et consacre ces organes génitaux au nom de Satan et au nom de Lucifer. (x3)
Je bénis et consacre ce pénis au nom de Satan et au nom de Lucifer. (x3)
Je bénis et consacre cet abdomen au nom de

Satan et au nom de Lucifer. (x3)
Je bénis et consacre cette poitrine au nom de Satan et au nom de Lucifer. (x3)
Je bénis et consacre ces fesses au nom de Satan et au nom de Lucifer. (x3)
Je bénis et consacre ce dos au nom de Satan et au nom de Lucifer. (x3)
Je bénis et consacre ces mains au nom de Satan et au nom de Lucifer. (x3)
Je bénis et consacre ces bras au nom de Satan et au nom de Lucifer. (x3)
Je bénis et consacre ces épaules au nom de Satan et au nom de Lucifer. (x3)
Je bénis et consacre ce cou au nom de Satan et au nom de Lucifer. (x3)
Je bénis et consacre ces yeux au nom de Satan et au nom de Lucifer. (x3)
Je bénis et consacre ce corps comme temple du Seigneur des Ténèbres. (x3)
Je bénis et consacre ce temple au nom de Satan et au nom de Lucifer. (x3)
Je me consacre au Seigneur des Ténèbres et aux Forces des Ténèbres. (x3)
Je bénis et consacre ce corps au nom de Satan et au nom de Lucifer. (x3)
(boire au calice)

Invocation de la Trinité Impie
Trinité Impie de l'Enfer, je T'invoque.
Trinité Impie de l'Enfer, je Te convoque.
Trinité Impie de l'Enfer, je Te conjure.

Viens, Trinité Impie de l'Enfer, et manifeste-Toi
Dans ce corps, ce temple que j'ai préparé.
Viens, Trinité Impie de l'Enfer, et manifeste-Toi.
Remplis-moi de l'Esprit Impie.
Viens, Trinité Impie de l'Enfer, et manifeste-Toi.
(boire au calice)

Invocation de l'Esprit Impie
Esprit Impie, je T'invoque.
Esprit Impie, je Te convoque.
Esprit Impie, je Te conjure.
Viens, Esprit Impie, et manifeste-Toi
Dans ce corps, ce temple que j'ai préparé.
Viens, Esprit Impie, et manifeste-Toi.
Viens, Esprit Impie, et manifeste-Toi.
(boire au calice)

Invocation des Neuf Grands Seigneurs de l'Abîme
Neuf Grands Seigneurs de l'Abîme, je vous invoque.
Neuf Grands Seigneurs de l'Abîme, je vous convoque.
Neuf Grands Seigneurs de l'Abîme, je vous conjure.
Venez, Neuf Grands Seigneurs de l'Abîme, et manifestez-vous
Dans ce corps, ce temple que j'ai préparé.
Venez, Neuf Grands Seigneurs de l'Abîme, et manifestez-vous.
Envoyez-moi mon Démon Gardien Impie,

Et venez, Neuf Grands Seigneurs de l'Abîme, et manifestez-vous.
(boire au calice)

Invocation de votre Démon Gardien Impie
Mon Démon Gardien Impie, je T'invoque.
Mon Démon Gardien Impie, je Te convoque.
Mon Démon Gardien Impie, je Te conjure.
Viens, mon Démon Gardien Impie, et manifeste-Toi
Dans ce corps, ce temple que j'ai préparé.
Viens, mon Démon Gardien Impie, et manifeste-Toi.
Viens, mon Démon Gardien Impie, et manifeste-Toi.
(boire au calice)

Invocation de Satan
Vers le sud j'appelle, et dans les flammes de l'Enfer !
Satan, je T'invoque.
Satan, je Te convoque.
Satan, je Te conjure.
Viens, Satan, et manifeste-Toi
Dans ce corps, dans ce temple que j'ai préparé.
Viens, Satan, et manifeste-Toi.
Viens, Satan, et manifeste-Toi.
Ouvre grand les Portes de l'Enfer afin que je puisse passer et Te devenir semblable.
Ouvre grand Ta Porte afin que je puisse

passer.
Viens, Satan, et manifeste-Toi.
Viens, Satan, et manifeste-Toi.
(boire au calice)

Invocation de Lucifer
Vers l'est j'appelle, et dans l'air de l'illumination:
Lucifer, je T'invoque.
Lucifer, je Te convoque.
Lucifer, je Te conjure.
Viens, Lucifer, et manifeste-Toi
Dans ce corps, dans ce temple que j'ai préparé.
Viens, Lucifer, et manifeste-Toi.
Viens, Lucifer, et manifeste-Toi.
Ouvre grand les Portes de l'Enfer afin que je puisse passer et Te devenir semblable.
Ouvre grand Ta Porte afin que je puisse passer.
Viens, Lucifer, et manifeste-Toi.
Viens, Lucifer, et manifeste-Toi.
(boire au calice)

Invocation de Bélial
Vers le nord j'appelle, et dans les profondeurs de la terre :
Bélial, je T'invoque.
Bélial, je Te convoque.
Bélial, je Te conjure.

Viens, Bélial, et manifeste-Toi
Dans ce corps, dans ce temple que j'ai préparé.
Viens, Bélial, et manifeste-Toi.
Viens, Bélial, et manifeste-Toi.
Ouvre grand les Portes de l'Enfer afin que je puisse passer et Te devenir semblable.
Ouvre grand Ta Porte afin que je puisse passer.
Viens, Bélial, et manifeste-Toi.
Viens, Bélial, et manifeste-Toi.
(boire au calice)

Invocation de Léviathan
Vers l'ouest j'appelle, et dans les profondeurs de la mer :
Léviathan, je T'invoque.
Léviathan, je Te convoque.
Léviathan, je Te conjure.
Viens, Léviathan, et manifeste-Toi
Dans ce corps, dans ce temple que j'ai préparé.
Viens, Léviathan, et manifeste-Toi.
Viens, Léviathan, et manifeste-Toi.
Ouvre grand les Portes de l'Enfer afin que je puisse passer et Te devenir semblable.
Ouvre grand Ta Porte afin que je puisse passer.
Viens, Léviathan, et manifeste-Toi.
Viens, Léviathan, et manifeste-Toi.
(boire au calice)

Chapitre Onze

Traditionnellement, il existe neuf ordres d'anges. Le premier et le plus élevé est celui des Séraphins, le deuxième celui des Chérubins, le troisième des Trônes, le quatrième des Dominations, le cinquième des Vertus, le sixième des Puissances, le septième des Principautés, le huitième des Archanges, et le neuvième des Anges. Ces ordres résident dans les cieux supérieurs (les cieux inférieurs étant les sphères planétaires et les constellations fixes).

Au sein de chaque ordre existent des esprits supérieurs et des esprits inférieurs. Les dix-huit clés sont des appels adressés aux esprits supérieurs et inférieurs des neuf ordres angéliques. Les première et deuxième clés invoquent les esprits supérieurs et inférieurs de l'Ordre des Anges, les troisième et quatrième ceux de l'Ordre des Archanges, les cinquième et sixième ceux de l'Ordre des Principautés, et ainsi de suite. En récitant ces Clés, vous déclarerez en réalité la guerre aux cieux et vous soumettrez ces esprits à votre contrôle. Suit ensuite l'Appel des 30 Ayres. Les Ayres sont des esprits qui président aux divisions de la terre et des cieux. Les Ayres existent au-delà de ce que nous comprenons comme temps et espace et possèdent donc le pouvoir de modifier la réalité elle-même. En appelant les Ayres, le magicien peut agir directement sur la Sphère Éonique. Le magicien qui proclame une loi ou prononce un « mot » qui change l'Éon actuel ou provoque la naissance d'un nouvel Éon devient un Magus.

La Première Clé

Je règne sur vous, dit le Dieu de Justice, en puissance exaltée au-dessus des firmaments de colère ; dans les mains de Qui le Soleil est comme une épée et la Lune comme un feu qui transperce, Qui mesure vos vêtements au milieu de mes parures et vous a liés ensemble comme les paumes de mes mains ; dont J'ai orné les sièges du feu de rassemblement et embelli vos vêtements d'admiration, à qui J'ai donné une loi pour gouverner les saints et vous ai remis une verge avec l'arche de la connaissance. De plus, vous avez élevé vos voix et juré obéissance et foi à Celui qui vit et triomphe, dont le commencement n'est pas et dont la fin ne peut être, Qui brille comme une flamme au milieu de votre palais et règne parmi vous comme l'équilibre de la justice et de la vérité : Bougez donc et montrez-vous. Ouvrez les Mystères de votre Création. Soyez amicaux envers moi car je suis le serviteur du même, votre Dieu ; le véritable adorateur du Très-Haut.

La Deuxième Clé

Les ailes des vents peuvent-elles comprendre vos voix d'émerveillement ? Ô vous, les seconds des premiers, que les flammes ardentes ont formés dans les profondeurs de mes mâchoires, que J'ai préparés comme des coupes pour un mariage ou comme des fleurs dans leur beauté pour la Chambre de justice. Vos pieds sont plus forts que la pierre stérile, et vos voix plus puissantes que les vents innombrables. Car vous êtes devenus un édifice qui n'existe que dans l'esprit du Tout-Puissant. Lève-toi, dit le Premier. Bougez donc vers Ses serviteurs. Montrez-vous en puissance et faites de moi un voyant puissant des choses, car je suis de Celui qui vit éternellement.

La Troisième Clé

Voici, dit votre Dieu, Je suis un Cercle sur les mains duquel se tiennent 12 Royaumes. Six sont les sièges du souffle vivant, les autres sont comme des faucilles tranchantes ou les cornes de la mort, dans lesquels les créatures de la terre sont et ne sont pas, sauf dans ma propre main qui dort et se lèvera. Au commencement, Je vous ai faits intendants et vous ai placés dans les 12 sièges de gouvernement, vous donnant successivement le pouvoir sur les 456 véritables âges du temps, afin que, de vos vaisseaux les plus élevés et des coins de vos gouvernements, vous puissiez exercer mon pouvoir, déversant les feux de vie et augmentant continuellement sur la terre. Ainsi vous êtes devenus les pans de la Justice et de la Vérité. Au nom du même, votre Dieu, élevez-vous, dis-Je. Voici Ses miséricordes fleurissent et Son Nom est devenu puissant parmi nous. En Lui nous disons : Bougez, descendez et appliquez-vous à nous comme à des participants de la sagesse secrète de votre Création.

La Quatrième Clé

J'ai posé mes pieds dans le Sud et J'ai regardé autour de moi en disant : les Tonnerres d'accroissement ne sont-ils pas au nombre de 33, qui règnent dans le second Angle, sous lesquels J'ai placé 9 639 que Nul n'a encore comptés sauf Un, en qui le second commencement des choses est et croît en force, qui sont aussi successivement les nombres du temps ; et leurs puissances sont comme les premières 456. Lève-toi, fils du plaisir, et visite la terre : car Je suis le Seigneur votre Dieu, qui est et qui vit. Au nom du Créateur, bougez et montrez-vous comme de plaisants libérateurs afin que vous Le louiez parmi les fils des hommes.

La Cinquième Clé

Les sons puissants sont entrés dans le troisième angle et sont devenus comme des oliviers sur le mont des Oliviers, regardant avec joie la terre et demeurant dans la clarté des cieux comme des consolateurs perpétuels, à qui J'ai fixé 19 piliers de joie et donné des vases pour arroser la terre et ses créatures ; ils sont les frères du premier et du second, et le commencement de leurs propres sièges qui sont ornés de 69 636 lampes brûlant continuellement, dont les nombres sont comme le premier, les extrémités et le contenu du temps. Venez donc et obéissez à votre création, visitez-nous dans la paix et le réconfort. Concluez-nous comme récepteurs de vos mystères ; car pourquoi ? Notre Seigneur et Maître est le même.

La Sixième Clé

Les esprits du 4e Angle sont Neuf, puissants dans les firmaments des eaux, que le Premier a plantés comme un tourment pour les méchants et une couronne pour les justes, leur donnant des flèches ardentes pour vanner la terre et 7 699 ouvriers continus dont les cours visitent la terre avec réconfort et sont en gouvernement et continuité comme le second et le troisième. Écoutez donc ma voix. J'ai parlé de vous et Je vous meuve en puissance et présence, dont les œuvres seront un chant d'honneur et la louange de votre Dieu dans votre création.

La Septième Clé

L'Est est une maison de vierges chantant des

louanges parmi les flammes de la première gloire, où le Seigneur a ouvert sa bouche et elles sont devenues 28 demeures vivantes en qui la force des hommes se réjouit ; elles sont vêtues d'ornements de clarté qui opèrent des merveilles sur toutes créatures, dont les royaumes et la continuité sont comme la troisième et la quatrième, tours fortes et lieux de réconfort, sièges de miséricorde et de continuité. Ô vous Serviteurs de Miséricorde, bougez, apparaissez, chantez des louanges au Créateur et soyez puissants parmi nous. Car à ce souvenir est donné le pouvoir, et notre force croît forte dans notre Consolateur.

La Huitième Clé

Le Midi du premier est comme le troisième ciel fait de 26 piliers d'hyacinthe en qui les Anciens sont devenus forts, que J'ai préparés pour ma propre justice, dit le Seigneur, dont la longue continuité sera comme des boucliers aux Dragons qui s'inclinent et comme la moisson d'une veuve. Combien sont-ils qui demeurent dans la gloire de la terre, qui sont et ne verront pas la mort jusqu'à ce que cette maison tombe et que le Dragon sombre ? Partez, car les Tonnerres ont parlé. Partez, car les Couronnes du Temple et le manteau de Celui qui est, était et sera couronné sont divisées. Venez, apparaissez à la terreur de la terre et à notre réconfort, et à celui de ceux qui sont préparés.

La Neuvième Clé

Une puissante garde de feu aux épées flamboyantes à deux tranchants (qui ont 8 fioles de colère pour deux temps et demi ; dont les ailes sont d'absinthe et de la moelle du sel) a posé ses pieds à l'Ouest et est mesurée avec ses 9 996 ministres. Ceux-ci ramassent la mousse de la terre comme le riche ramasse son trésor : maudits sont ceux dont les iniquités sont les leurs. Dans leurs yeux sont des meules plus grandes que la terre, et de leurs bouches coulent des mers de sang. Leurs têtes sont couvertes de diamants, et sur leurs têtes sont des dalles de marbre. Heureux celui sur qui ils ne froncent pas les sourcils. Car pourquoi ? Le Dieu de justice se réjouit en eux. Partez et ne gardez pas vos fioles, car le temps exige le réconfort.

La Dixième Clé

Les Tonnerres du Jugement et de la Colère sont comptés et abrités dans le Nord sous la forme d'un chêne dont les branches sont 22 nids de lamentation et de pleurs réservés à la terre, qui brûlent nuit et jour et vomissent des têtes de scorpions et du soufre vivant mêlé de poison. Ce sont les tonnerres qui, 5 678 fois dans la 24e partie d'un instant, rugissent avec cent puissants tremblements de terre et mille fois autant de vagues qui ne se reposent ni ne connaissent de repos. Une pierre en produit 1 000 comme le cœur de l'homme produit ses pensées. Malheur, malheur, malheur, malheur,

malheur, malheur, oui malheur à la terre car son iniquité est, était et sera grande. Partez, mais gardez vos sons puissants.

La Onzième Clé

Le siège puissant a gémi et cinq tonnerres ont volé vers l'est ; l'aigle a parlé et crié d'une voix forte : Partez ! Et ils se sont rassemblés dans la maison de la mort dont la mesure est donnée et dont le nombre est 31. Partez ! Car J'ai préparé une place pour vous. Bougez donc et montrez-vous, ouvrez les Mystères de votre Création. Soyez amicaux envers moi car je suis le serviteur du même, votre televiz Dieu, le véritable adorateur du Très-Haut.

La Douzième Clé

Ô vous qui régnez dans le sud et êtes les 28 lanternes de douleur, ceignez vos reins et visitez-nous. Faites descendre vos 3 663 entraînés afin que le Seigneur soit magnifié, Lui dont le nom parmi vous est Colère. Bougez, dis-Je, et montrez-vous ; ouvrez les mystères de votre Création ; soyez amicaux envers moi car je suis le serviteur du même, votre Dieu, le véritable adorateur du Très-Haut.

La Treizième Clé

Ô vous épées du sud qui avez 42 yeux pour exciter la colère du péché, rendant les hommes ivres de vide ; voici la promesse de Dieu et sa puissance qui est appelée parmi vous un aiguillon amer. Bougez et montrez-vous ; ouvrez les mystères de votre Création.

Soyez amicaux envers moi car je suis le serviteur du même, votre Dieu, le véritable adorateur du Très-Haut.

La Quatorzième Clé

Ô vous fils de la fureur et filles des Justes qui siégez sur 24 sièges, tourmentant toutes les créatures de la terre par l'âge, et qui avez sous vous 1 636 ; voici la voix de Dieu, la promesse de Celui qui est appelé parmi vous Fureur ou Justice extrême. Bougez et montrez-vous ; ouvrez les mystères de votre Création. Soyez amicaux envers moi car je suis le serviteur du même, votre Dieu, le véritable adorateur du Très-Haut.

La Quinzième Clé

Ô toi, gouverneur de la première flamme, sous les ailes de laquelle sont 6 739 qui tissent la terre de sécheresse ; toi qui connais le grand nom Justice et le sceau d'Honneur. Bouge et montre-toi ; ouvre les mystères de ta création. Sois amical envers moi car je suis le serviteur du même, ton Dieu, le véritable adorateur du Très-Haut.

La Seizième Clé

Ô toi, seconde flamme, maison de Justice, qui as ton commencement dans la gloire et consoleras les justes, toi qui marches sur la terre avec 876 pieds qui comprennent et séparent les créatures ; grand es-tu dans le Dieu qui étend et conquiert. Bouge et montre-toi ; ouvre les mystères de ta création. Sois amical envers moi car je suis le serviteur du même, ton Dieu, le véritable adorateur du Très-Haut.

La Dix-Septième Clé

Ô toi, troisième flamme dont les ailes sont des épines pour exciter la vexation, et qui as devant toi 7 336 lampes vivantes, dont le Dieu est Colère dans la Fureur. Ceins tes reins et écoute. Bouge et montre-toi ; ouvre les mystères de ta création. Sois amical envers moi car je suis le serviteur du même, ton Dieu, le véritable adorateur du Très-Haut.

La Dix-Huitième Clé

Ô toi, lumière puissante et flamme ardente de réconfort qui ouvres la gloire de Dieu jusqu'au centre de la terre, en qui les 6 332 secrets de vérité ont leur demeure, qui est appelée dans ton royaume IOYE et n'est pas mesurable, sois pour moi une fenêtre de réconfort. Bouge et montre-toi ; ouvre les mystères de ta création. Sois amical envers moi car je suis le serviteur du même, ton Dieu, le véritable adorateur du Très-Haut.

Chapitre Douze - Messes Noires

Les participants portent tous des robes noires à capuchon, sauf deux : une femme habillée en nonne, avec l'habit et la guimpe traditionnels, et la femme qui sert d'autel, entièrement nue.

Celui qui officie la messe est appelé le Célébrant. Par-dessus sa robe, il porte un collier avec le Sceau de Baphomet, le pentagramme inversé. Bien que certaines versions de la Messe Noire aient été célébrées avec des vêtements consacrés par l'Église catholique romaine, les témoignages indiquent que c'était l'exception et non la règle.

L'authenticité d'une hostie consacrée semble avoir été bien plus importante.

La femme qui sert d'autel est allongée sur la plateforme, son corps perpendiculaire à sa longueur, les genoux au bord et largement écartés. Un coussin soutient sa tête. Ses bras sont étendus en croix ; chaque main tient un chandelier contenant une bougie noire.

Lorsque le Célébrant se tient devant l'autel, il se place entre les genoux de l'autel, ses jambes largement écartées.

Un calice contenant du vin ou de l'alcool (ou toute boisson désirée) est placé entre les cuisses de l'autel. Le Livre du Rituel est posé sur un petit lutrin ou un coussin, à la droite du

Célébrant lorsqu'il fait face à l'autel. L'Illuminator se tient à côté de l'autel, près du Livre du Rituel. Bougies noires et une bougie blanche sont utilisées durant la cérémonie.
En face de lui, de l'autre côté de l'autel, se tient l'encenseur avec un encensoir contenant du charbon ardent. À côté de lui, un participant tient la navette d'encens. La musique doit être d'ambiance liturgique, de préférence à l'orgue.
Le succès des opérations magiques dépend de l'application des principes appris, et non de la quantité d'informations accumulées. Cette règle doit être soulignée, car l'ignorance de ce fait est la cause la plus fréquente et la moins reconnue d'échec magique.

Participants:
Prêtresse de l'Autel – nue sur l'autel
Prêtresse – en robe blanche
Maîtresse de la Terre – en robe écarlate
Maître (Célébrant) – en robe pourpre
Sous-diacre et Illuminator – en robe noire
Congrégation – en robe noire

Lieu:
Généralement un Temple intérieur. En extérieur, une clairière dans les bois ou la forêt convient. Les grottes sont idéales. Le but est de créer une impression d'« enceinte ».
Versions:
La Messe Noire existe en plusieurs versions.

Celle donnée ci-dessous est la plus couramment utilisée aujourd'hui, mais d'autres variantes sont également incluses.
Bien que la Messe Noire ait été célébrée d'innombrables fois, les participants n'étaient souvent pas satanistes, mais agissaient uniquement dans l'idée que tout ce qui contredisait l'Église devait être bon. Pendant l'Inquisition, quiconque doutait de la souveraineté de Dieu, du Christ et de l'Église était immédiatement considéré comme serviteur de Satan et traité en conséquence.
Lorsque tous sont réunis dans le sanctum intérieur, la cloche sonne neuf fois. Le Célébrant, précédé du Sous-diacre et de l'Illuminator, entre et s'approche de l'autel.
Ils s'arrêtent un peu avant l'autel ; le Sous-diacre se place à la gauche du Célébrant, l'Illuminator à sa droite. Les trois s'inclinent profondément devant l'autel et commencent le rituel par les versets et réponses suivants.

Début de la cérémonie
La Maîtresse de la Terre se tourne vers la congrégation, trace le signe du pentagramme inversé de la main gauche et dit :
Je descendrai vers les autels de l'Enfer.
La Prêtresse répond :
À Satan, le donneur de vie.
Tous : Notre Père qui fus au ciel, que ton nom soit sanctifié.

Au ciel comme il l'est sur Terre.
Donne-nous aujourd'hui notre extase
Et livre-nous au mal comme à la tentation
Car nous sommes ton royaume pour les éons et les éons.
Célébrant : In nomine Magni Dei Nostri Satanas. Introibo ad altare Domini Inferi.
Les quatre directions cardinales sont invoquées avec l'épée.
Que Satan, Prince tout-puissant des Ténèbres
Et Seigneur de la Terre, nous accorde nos désirs.
Tous : Prince des Ténèbres, entends-nous !
Je crois en un seul Prince, Satan, qui règne sur cette Terre,
Et en une seule Loi qui triomphe de tout.
Je crois en un seul Temple,
Notre Temple à Satan,
Et en un seul Mot qui triomphe de tout : le Mot d'extase.
Et je crois en la Loi de l'Éon,
Qui est le sacrifice, et en la libération du sang
Pour lequel je ne verse aucune larme, car je loue mon Prince,
Le donneur de feu, et j'attends avec impatience son règne
Et les plaisirs à venir !
La Maîtresse embrasse le Maître, puis se tourne vers la congrégation et dit :
Que Satan soit avec vous.
Sous-diacre et Illuminator : Ad eum qui

laetificat meum.
Adjutorium nostrum in nomine Domini Inferi.
Qui regit terram.
Célébrant : Devant le Prince des Ténèbres puissant et ineffable, et en présence de tous les démons redoutables de l'Abîme, et de cette assemblée ici réunie, je reconnais et confesse mon erreur passée. Reniant toute allégeance antérieure, je proclame que Satan-Lucifer règne sur la terre, et je ratifie et renouvelle ma promesse de Le reconnaître et de L'honorer en toutes choses, sans réserve, désirant en retour Son assistance multiple pour la réussite de mes entreprises et l'accomplissement de mes désirs. J'appelle sur toi, mon Frère, de témoigner et d'en faire autant.
Sous-diacre et Illuminator: Devant le Prince des Ténèbres puissant et ineffable, et en présence de tous les démons redoutables de l'Abîme, et de cette assemblée ici réunie, nous reconnaissons et confessons notre erreur passée. Reniant toute allégeance antérieure, nous proclamons que Satan-Lucifer règne sur la terre, et nous ratifions et renouvelons notre promesse de Le reconnaître et de L'honorer en toutes choses, sans réserve, désirant en retour Son assistance multiple pour la réussite de nos entreprises et l'accomplissement de nos désirs. Nous t'appelons, toi Son vassal et Célébrant, à recevoir ce serment en Son nom.
Célébrant : Gloria Deo, Domino Inferi, et in

terra vita hominibus fortibus.
Laudamus te, benedicimus te, adoramus te, glorificamus te,
gratias agimus tibi propter magnam potentiam tuam :
Domine Satanas, Rex Inferus, Imperator omnipotens.
C'est pourquoi, ô Seigneur des Ténèbres puissant et terrible, nous Te prions de recevoir et d'accepter ce sacrifice que nous T'offrons au nom de cette assemblée ici réunie, sur laquelle Tu as apposé Ton sceau, afin que Tu nous fasses prospérer en plénitude et longueur de vie sous Ta protection, et que Tu fasses sortir à notre commandement Tes effroyables légions pour l'accomplissement de nos désirs et la destruction de nos ennemis.
Sous-diacre et Illuminator : En cette nuit, d'un commun accord, nous demandons Ton assistance infaillible pour ce besoin particulier. Dans l'unité de la communion impie, nous louons et honorons d'abord Toi, Lucifer, Étoile du Matin, et Bélzébuth, Seigneur de la Régénération ; puis Bélial, Prince de la Terre et Ange de la Destruction ; Léviathan, Bête de l'Apocalypse ; Abaddon, Ange de l'Abîme sans fond ; et Asmodée, Démon de la Luxure. Nous invoquons les noms puissants d'Astaroth, Nergal et Béhemoth, de Belphégor, Adramélech et Baalberith, et de tous les innombrables et informes, les légions

puissantes et innombrables de l'Enfer, par l'assistance desquels nous serons fortifiés en esprit, en corps et en volonté.

Le Célébrant étend alors les mains, paumes vers le bas, au-dessus de l'autel.

La cloche sonne trois fois.

Congrégation : Shemhamforash ! Ave Satanas !

Le Sous-diacre apporte le vase de nuit et le présente à la nonne qui s'est avancée. La nonne soulève son habit et urine dans la vasque. Pendant qu'elle urine, le Sous-diacre s'adresse à la congrégation.

Sous-diacre : Elle fait résonner la vasque des larmes de sa mortification. Les eaux de sa honte deviennent une pluie de bénédiction dans le tabernacle de Satan, car ce qui était retenu jaillit, et avec lui, sa piété. Le grand Baphomet, qui est au milieu du trône, la soutiendra, car elle est une fontaine vivante d'eau.

Quand la nonne a terminé, le Sous-diacre poursuit :

Et le Seigneur des Ténèbres essuiera toutes les larmes de ses yeux, car Il m'a dit : C'est fait ! Je suis l'Alpha et l'Oméga, le commencement et la fin. À celui qui a soif, Je donnerai gratuitement de la fontaine de l'eau de vie.

Le Sous-diacre retire la vasque à la nonne et la tient devant le Célébrant, qui y trempe l'aspergeoir (une hostie). Puis le Célébrant se

tourne vers chacune des directions cardinales, secouant deux fois l'aspergeoir à chaque point.
Célébrant, pointant l'épée : (vers le sud) Au nom de Satan, nous te bénissons de ceci, symbole de la verge de vie.
(vers l'est) Au nom de Satan, nous te bénissons de ceci, symbole de la verge de vie.
(vers le nord) Au nom de Satan, nous te bénissons de ceci, symbole de la verge de vie.
(vers l'ouest) Au nom de Satan, nous te bénissons de ceci, symbole de la verge de vie.
Sous-diacre : Hoc est corpus Jesu Christi.
Le Célébrant élève l'hostie, la place entre les seins de l'autel, puis la touche à la zone vaginale.
La cloche sonne trois fois.
Il replace l'hostie sur la patène posée sur la plateforme de l'autel. Prenant le calice dans ses mains, il se penche profondément au-dessus, comme avec l'hostie, et murmure les mots suivants :
Célébrant : À nous, Tes enfants fidèles, ô Seigneur Infernal, qui nous glorifions de notre iniquité et faisons confiance à Ta puissance et à Ta force sans limites, accorde que nous soyons comptés parmi Tes élus. C'est toujours par Toi que tous les dons nous parviennent ; connaissance, pouvoir et richesse sont à Toi de les accorder.
Reniant le paradis spirituel des faibles et des humbles, nous plaçons notre confiance en Toi,

Dieu de la Chair, aspirant à la satisfaction de tous nos désirs et demandant leur accomplissement total sur la terre des vivants.
Sous-diacre et Illuminator : Shemhamforash ! Hail Satan !
Célébrant : Poussés par les préceptes de la terre et les inclinations de la chair, nous osons dire :
Notre Père qui es en Enfer, que Ton nom soit sanctifié.
Ton royaume est venu, Ta volonté est faite ; sur terre comme elle l'est en Enfer !
Nous prenons cette nuit ce qui nous revient de droit,
Et nous ne marchons pas sur les chemins de la douleur.
Conduis-nous à la tentation, et délivre-nous de la fausse piété,
Car à Toi sont le royaume, la puissance et la gloire pour toujours !
Sous-diacre et Illuminator : Et que la raison règne sur la terre.
Célébrant : Délivre-nous, ô puissant Satan, de toute erreur et illusion passées, afin que, ayant posé notre pied sur le Chemin des Ténèbres et nous étant voués à Ton service, nous ne faiblissions pas dans notre résolution, mais qu'avec Ton aide nous croissions en sagesse et en force.
Sous-diacre et Illuminator : Shemhamforash !
Le Célébrant prend l'hostie dans ses mains,

l'élève devant lui et se tourne vers l'assemblée en disant :
Célébrant : Ecce corpus Jesu Christi, Dominus Humilim et Rex Servorum.
Le Célébrant élève l'hostie vers le Baphomet. Il poursuit avec une grande colère :
Célébrant : Toi, toi que, en ma qualité de Célébrant, je force, que tu le veuilles ou non, à descendre dans cette hostie, à t'incarner dans ce pain, artisan d'impostures, voleur d'hommages, brigand d'affection — écoute ! Depuis le jour où tu es sorti des entrailles complaisantes d'une fausse vierge, tu as manqué à tous tes engagements, trahi toutes tes promesses.
Des siècles ont pleuré en t'attendant, dieu fugitif, dieu muet ! Tu devais racheter l'homme et tu ne l'as pas fait ; tu devais apparaître dans ta gloire, et tu dors. Va, mens, dis au misérable qui t'implore : « Espère, sois patient, souffre ; l'hôpital des âmes te recevra ; les anges te secourront ; le Ciel t'est ouvert. » Imposteur ! Tu sais bien que les Anges, dégoûtés de ton inertie, t'abandonnent!
Que Ta colère s'abatte sur lui, ô Prince des Ténèbres, et déchire-le afin qu'il connaisse l'étendue de Ta fureur. Appelle Tes légions afin qu'elles soient témoins de ce que nous faisons en Ton nom.
Envoie Tes messagers proclamer cet acte, et fais vaciller les sbires chrétiens vers leur perte.

Frappe-le encore, ô Seigneur de Lumière, que ses anges, chérubins et séraphins tremblent de peur et se prosternent devant Toi dans le respect de Ta puissance. Fais s'écrouler les portes du Ciel, que les meurtres de nos ancêtres soient vengés !

Le Célébrant insère l'hostie dans le vagin de l'autel, la retire, la tient en l'air vers le Baphomet.

Puis il la jette violemment au sol où elle est piétinée par lui-même, le Sous-diacre et l'Illuminator tandis que la cloche sonne sans discontinuer.

Le Célébrant prend ensuite le calice dans ses mains, fait face à l'autel et boit.

Il présente ensuite le calice à l'autel qui se redresse en position assise et boit. Elle se rallonge après avoir bu.

Ensuite, le Célébrant présente le calice à chaque membre de l'assemblée, d'abord au Sous-diacre, puis à l'Illuminator, puis aux autres selon leur rang et/ou leur ancienneté dans l'Ordre. En administrant le calice à chacun, il prononce ces mots :

Au nom de notre Grand Dieu Satan. Hail Satan!

Il s'incline ensuite devant l'autel et se tourne pour donner la bénédiction de Satan à l'assemblée, levant la main gauche en Cornu (signe des cornes).

Tous, face à l'autel, lèvent les bras en Cornu.

Tous : Ave, Satanas!
Hail Satan!
Célébrant : Partons ; c'est accompli.
Sous-diacre et Illuminator : Ainsi soit-il.
Le Célébrant, le Sous-diacre et l'Illuminator s'inclinent vers l'autel, aident l'autel à se lever, se tournent et les quatre quittent la chambre. Les bougies sont éteintes au fur et à mesure que tous sortent.

Comme pour tous les rituels cérémoniels, il est utile que tous les participants connaissent par cœur le contenu et le texte parlé. Il est important que cela soit fait et que le rituel, lorsqu'il est exécuté, suive fidèlement le texte à chaque occasion. Le rituel est alors plus efficace en tant que rituel, permettant aux participants d'être à la fois plus détendus et plus capables d'entrer dans l'esprit du rite.

Chapitre Treize – Rituel d'Initiation

Il s'agit du rite d'initiation d'un nouveau membre entrant dans le groupe. Le candidat est généralement parrainé par un Initié déjà existant, qui l'accompagne. Plusieurs candidats peuvent assister à la cérémonie et recevoir la charge du Célébrant. Le candidat subit également une épreuve de connaissance (concernant ce qu'il ou elle a appris des enseignements du Temple pendant la période probatoire de six mois) et une épreuve de courage. Cette cérémonie peut aussi être adaptée pour un rituel de baptême. Une seule bougie blanche est utilisée, toutes les autres sont noires.

Tous les participants portent des robes noires à capuchon, sauf la femme qui sert d'autel, qui est nue.

Les Initié(s) ont les yeux bandés et sont conduits dans le sanctum par deux membres de la cérémonie.

Le Célébrant entre dans le sanctum avec l'autel, l'allonge et écarte largement ses jambes. Pendant tout le rituel, le Célébrant se

tient entre ses jambes.
La cérémonie s'ouvre par la purification de l'air et la bénédiction de la chambre avec le phallus. Le calice est rempli, mais pas encore présenté. Les quatre directions cardinales sont invoquées avec l'épée.
Le Célébrant embrasse ensuite le ventre de l'autel, qui est en position allongée. Le Célébrant commence son invocation, bras levés.
Célébrant :
Au nom de Satan, Lucifer, Bélial, Léviathan et de tous les démons, nommés et sans nom, marcheurs dans les ténèbres de velours, écoutez-nous, ô choses sombres et ombreuses, créatures fantomatiques, tordues, à demi aperçues au-delà du voile brumeux du temps et de l'espace sans nuit. Approchez ; soyez présents en cette nuit de souveraineté naissante. Accueillez un nouveau membre, créature de lumière magique et extatique.
Rejoignez-nous dans notre accueil. Avec nous, dites : bienvenue à toi, enfant de joie, fruit de la nuit sombre et emplie de musc, délice de l'extase.
Les bandeaux sont alors retirés des yeux des Initiés.
Le Célébrant se tourne vers eux.
Bienvenue à toi, sorcière (sorcier), magicienne (magicien) la plus naturelle et la plus vraie. Tes mains ont la force d'abattre les voûtes

croulantes de cieux mensongers et d'ériger, avec leurs débris, un monument à ta propre douce indulgence. Ton honnêteté te donne droit à la domination bien méritée sur un monde rempli d'hommes apeurés et recroquevillés.
Le Sous-diacre remet une bougie noire allumée au Célébrant, qui passe la flamme quatre fois sous les mains tendues de l'Initié en disant :
Au nom de Satan, nous plaçons tes pieds sur le Sentier de la Main Gauche. Quatre fois tu passes au-dessus de la flamme, afin d'allumer le désir et la passion dans ton cœur, que la chaleur et l'éclat de la flamme de Schamballah te réchauffent, que tes sentiments et tes émotions brûlent vifs et passionnés, pour opérer ta magie selon ton désir. (nom du membre), nous t'appelons, car ton nom brille dans la flamme.
Le Célébrant rend la bougie au Sous-diacre, qui lui présente alors la cloche. Le Célébrant fait doucement tinter la cloche autour de l'Initié. Il pose ensuite l'épée sur le front de l'Initié.
Célébrant :
Au nom de Lucifer, nous faisons résonner autour de toi, éclairant l'air des sons cristallins de la sagesse. Comme tes yeux reçoivent l'illumination, que tes oreilles perçoivent la vérité et séparent les motifs de la vie, afin que ta place soit trouvée. Nous appelons ton nom

dans la nuit : Ô écoute le nom magique et doux de (nom).
Au nom de Bélial, nous apposons Sa marque sur toi, pour solenniser et graver dans la mémoire la planète sombre et humide – l'Abîme d'où tu viens – le jet puissant de la virilité fécondant la Mère Terre. Ainsi fut-il toujours et jusqu'à la fin des temps il en sera ainsi. (nom), nous t'appelons, afin que ton pouvoir, lui aussi, dure sans fin, toujours aussi fort que l'homme et la terre, car ils ne font qu'un avec toi.
Par toutes les images offertes à l'imagination enfantine, par toutes les choses qui rampent et trottinent dans le royaume féerique de la nuit, par tous les froissements soyeux dans le vent et les croassements dans l'obscurité, ô grenouilles et crapauds, rats et corbeaux, chats et chiens, chauves-souris et baleines, et toute votre parentèle des petits êtres semblables à celle (celui) qui repose devant vous : bénissez-la (le), soutenez-la (le), car elle (il) est de ce qui n'a besoin d'aucune purification, car elle (il), comme vous tous, est perfection en ce qu'elle (il) est, et l'esprit qui habite cette tête est mû par votre dieu, le Seigneur de l'EST, la Manifestation Toute-Puissante de Satan.
Le Célébrant retire l'épée du front de l'Initié et, dans le même mouvement, en élève la pointe vers le Sceau de Baphomet, au-dessus et

derrière l'Initié. Tous les autres présents se tournent vers l'autel et lèvent le bras droit en signe des Cornes.
Célébrant :
Hail, Satan !
Tous les autres :
Hail, Satan !
Célébrant :
Hail, Satan !
Tous les autres :
Hail, Satan !
Célébrant :
Hail, Satan !
Tous les autres :
Hail, Satan !
Célébrant :
C'est accompli. Ainsi soit-il !
Tous les autres :
Ainsi soit-il !
La cérémonie se termine de la manière habituelle.

Rituel d'Auto-Initiation

Réservez un espace pour l'exécution du rituel et, dans cet espace, dressez un autel que vous recouvrirez d'un tissu noir. L'autel peut être une simple table. Procurez-vous des bougies noires, des chandeliers, de l'encens de noisetier, un ou plusieurs cristaux de quartz. Vous aurez également besoin de deux petits carrés de parchemin (ou de papier tissé de qualité), d'une plume d'oie, d'un couteau bien aiguisé, de sel marin, d'une poignée de terre de cimetière (prélevée une nuit de nouvelle lune) et d'un calice que vous remplirez de vin. Tous ces objets doivent être disposés sur l'autel.

Si vous le désirez, vous pouvez aussi vous procurer une robe noire de coupe appropriée. Sinon, habillez-vous entièrement en noir pour le rituel.

Une heure avant le coucher du soleil, entrez dans votre Temple, tournez-vous vers l'est et chantez deux fois le Sanctus Satanas. Puis dites, à voix haute :

À toi, Satan, Prince des Ténèbres et Seigneur de la Terre,
je dédie ce Temple : qu'il devienne, comme mon corps,
un vaisseau pour ton pouvoir et l'expression de ta gloire !

Vibrez ensuite neuf fois « Agios o Satanas ».

Prenez ensuite le sel et répandez-le sur l'autel et tout autour de la pièce en disant :

Avec ce sel, je scelle la puissance de Satan !

Prenez la terre et jetez-la de même, en disant :

Avec cette terre, je dédie mon Temple.
Satanas – venire ! Satanas venire !
Agios o Baphomet !
Je suis dieu imprégné de ta gloire !

Allumez les bougies de l'autel, brûlez

abondamment l'encens et quittez le Temple.
Prenez un bain, puis revenez dans le Temple.
Une fois dans le Temple, piquez légèrement votre index gauche avec le couteau. Avec le sang et à l'aide de la plume, inscrivez sur l'un des parchemins le nom occulte que vous avez choisi. Sur l'autre, tracez un pentagramme inversé.
Tenez les deux parchemins levés vers l'Est en disant :
Avec mon sang, je dédie le Temple de ma vie !
Tournez ensuite trois fois dans le sens anti-solaire (sens antihoraire) en disant :
Moi, ... (dites le nom occulte que vous avez choisi), je suis ici pour commencer ma quête sinistre !
Prince des Ténèbres, entends mon serment !
Baphomet, Maîtresse de la Terre, entends-moi !
Entendez-moi, vous Dieux Sombres qui attendez au-delà de l'Abîme !
Brûlez les parchemins dans les flammes des bougies.
(Note : il est souvent plus pratique de remplir un récipient d'alcool à brûler, d'y placer les parchemins puis d'y mettre le feu. Si vous avez choisi du papier tissé, cette méthode n'est pas nécessaire.)
Tandis qu'ils brûlent, dites :
Satan, que ton pouvoir se mêle au mien comme mon sang se mêle maintenant au feu !

Prenez le calice, levez-le vers l'Est et dites :
Avec cette boisson, je scelle mon serment.
Je suis tien et accomplirai des œuvres à la gloire de ton nom !
Videz le calice, éteignez les bougies et quittez le Temple.
L'Initiation est alors accomplie.

Messes Noires Concurrentes / Rituel d'Initiation

Cloche d'autel (sonnée neuf fois pour invoquer l'esprit de Satan)
Coven (chant d'invocation)
« Bagabi laca bachabe
Lamac lamec bachalyas
Lamac cahi achababe
Cabahagy sabalyos
Karrelyos Baryolos
Lagoz atha cabyolas
Samahac et famyolas
Harrahya »
Grand Prêtre (s'avance au centre de l'autel et chante, en se signant de la main gauche dans le sens antihoraire)
« In nominee de nostre Satanas : Lucifere Excelsis ! »
« Au nom de notre Satan : Lucifer le Glorieux ! »
Grand Prêtre (chant)

« Introibo ad altare Satanas. »
« Je m'approcherai de l'autel de Satan. »
Coven (chant)
« Ad Satanas, qui laetificat gloria meam. »
« À Satan, qui réjouit ma gloire. »
Coven (ancienne conjuration pour livrer leurs âmes au diable)
« Palas aron ozinomas
Geheamel cla orlay
Baske bano tudan donas
Berec he pantaras tay. »
Grand Prêtre
« Au nom de Satan, souverain de la Terre, Roi du monde, Maître des Serfs, j'ordonne aux forces des ténèbres de nous accorder leur pouvoir infernal. Sauve-nous, Seigneur Satan, des traîtres et des violents. Ô Satan, Esprit de la Terre, Dieu de la Liberté, ouvre grand les portes de l'Enfer et sors de l'abîme sous ces noms : »
Grand Prêtre et Coven
« Satan ! Bélzébuth ! Léviathan ! Asmodée ! Abaddon ! »
Grand Prêtre (chant)
« Gloria Satanas, et Belial et Spiritui maloso. »
Coven (répond)
« Comme il fut au commencement, maintenant et à jamais, pour les siècles des siècles. Amen. »
Grand Prêtre (chant)
« Que Satan soit avec vous. »

Coven (répond)
« Et avec votre esprit. »
Grand Prêtre (appelant le coven à la prière)
« Prions... Poussés par l'ordre de notre Seigneur Satan et instruits par son ordonnance infernale, nous osons dire : »
Grand Prêtre et Coven (récitation du Notre Père à l'envers)
« Amen... Le mal de nous délivre mais... À la tentation ne nous conduis pas et... Ceux qui contre nous ont péché, nous leur pardonnons comme... Nos péchés pardonne-nous et... Notre pain quotidien donne-nous aujourd'hui... Sur la terre comme au ciel... Que ta volonté soit faite... Que ton règne vienne... Que ton nom soit sanctifié... Qui es aux cieux... Notre Père. »
Grand Prêtre
« Enfants de mon office. Des hautes affaires je prends le temps de présider cette assemblée. Par la grâce de notre Seigneur Satan, j'ai le pouvoir d'exaucer vos souhaits, s'il me plaît de le faire. Ne perdez pas de temps en bavardages inutiles, ou vous encourrez ma colère. Maintenant, levez la tête et dites-moi vos désirs. »
(Un coup violent à la porte latérale de la chambre d'autel)
Grand Prêtre
« Qui demande à entrer ici ? »
Prêtresse assistante

« Une personne qui se repent de ses hérésies passées et aspire à être reçue dans la grâce de notre Maître, Satan, désigné par le Créateur comme Seigneur de ce Monde depuis le commencement et sans fin. »

Grand Prêtre

« Entre, pénitente, afin que tu t'abaisses devant le seul vrai Dieu. »

(L'Initiée entre, vêtue d'une longue robe blanche ceinturée d'une corde, les chevilles enchaînées)

Grand Prêtre

« Pénitente, l'occasion t'est offerte de racheter ton passé… Désires-tu la saisir ? »

Prêtresse assistante

« Oui. »

Grand Prêtre

« Es-tu prête à servir notre Seigneur Satan de tout ton esprit, de tout ton corps et de toute ton âme, sans rien laisser t'empêcher de faire avancer son œuvre ? »

Initiée

« Oui. »

Grand Prêtre

« Pour preuve que tu as purgé ton esprit de tout enseignement faux, tu vas maintenant briser ce crucifix et en jeter les morceaux loin de toi. »

(L'Initiée brise le crucifix)

Grand Prêtre

« Lève-toi et tends la main gauche ! Répète

après moi, phrase par phrase, les mots que je vais prononcer : »
Grand Prêtre et Initiée
« Je renie Jésus-Christ le trompeur... et j'abjure la foi chrétienne, tenant en mépris toutes ses œuvres. Par le symbole du Créateur, je jure désormais d'être... un serviteur fidèle de son Archange le plus puissant, le Prince Lucifer... que le Créateur a désigné comme son Régent et Seigneur de ce Monde. En tant qu'être désormais doté d'un corps humain en ce monde, je jure de donner toute mon allégeance à son Maître légitime : adorer Lui, notre Seigneur Satan, et nul autre ; mépriser toutes les religions créées par l'homme et les couvrir de mépris dès que possible ; saper la foi des autres dans ces fausses religions dès que possible et les amener à la vraie foi quand cela est souhaitable. Je jure de donner sans réserve mon esprit, mon corps et mon âme... à la poursuite des desseins de notre Seigneur Satan. Si je trahis ce serment, je décrète dès maintenant que ma gorge soit tranchée, ma langue et mon cœur arrachés... et que je sois enterré dans le sable de l'océan afin que ses vagues m'emportent dans l'éternité de l'oubli. »
Grand Prêtre
« Si tu romps jamais ce serment, nous prononcerons sentence contre toi au nom de notre Seigneur Satan... que tu tombes dans

une maladie dangereuse et la lèpre, et que, par le signe de sa vengeance, tu périsses d'une mort terrifiante et horrible, qu'un feu te consume et te dévore de toutes parts et t'écrase totalement… et que, par le pouvoir de Satan, une flamme sorte de Sa bouche qui te brûle et te réduise à néant en Enfer… »

Grand Prêtre

(Retire un sac de l'autel ; ce sac contient des copeaux de bois d'une horloge)

« Maintenant, prends ces copeaux dans ta main et tourne-toi vers le Bouc de Mendès… répète après moi : »

Grand Prêtre et Initiée

« Je renie Dieu, Créateur du Ciel et de la Terre, et je m'attache à toi, et je crois en toi. »

Grand Prêtre

(Conduit l'Initiée à droite de l'autel vers un trône noir sur lequel trône Satan matérialisé sous la forme d'un énorme bouc noir à corps humain, mais avec les sabots et la tête d'un bouc. Le bouc a trois cornes, celle du milieu étant une torche allumée)

« Baise le Bouc !! »

(L'Initiée embrasse l'arrière du bouc derrière le trône ; pendant la cérémonie de fidélité à Satan appelée le Pax, le Grand Prêtre entonne)

« Comme les copeaux de l'horloge ne retournent jamais à l'horloge d'où ils ont été pris, que ton âme ne retourne jamais au Ciel. »

(Reconduisant l'Initiée à l'autel)
« Maintenant... ôte ton vêtement et allonge-toi de tout ton long sur l'autel. »
(L'Initiée laisse tomber son vêtement et s'allonge nue sur l'autel ; le Grand Prêtre étend ses bras et place une bougie noire allumée dans chaque main. Certains membres de l'assemblée commencent à exprimer leurs émotions)
« Frères et sœurs du Sentier de la Main Gauche... la pénitente s'est révélée une néophyte digne de notre haut ordre. Il est maintenant de mon agréable devoir de la libérer des liens de l'ignorance et de la superstition. »
(Le Grand Prêtre retire les chaînes des chevilles de l'Initiée et procède au rite symbolique de copulation avec le diable. Si le Seigneur Satan ou l'un de ses démons est présent à cette partie de la messe, le Grand Prêtre s'écarte et dirige des conjurations de luxure pendant que la cérémonie est réellement accomplie)
(Après ce rite, l'Initiée, toujours autel, voit poser sur son corps allongé le calice contenant l'hostie et un crâne rempli de sang. L'hostie, généralement volée dans une église catholique, est teinte en noir et découpée en forme triangulaire)
Grand Prêtre (chant)
« Satanas gratias. » « Grâce soit rendue à

Satan. »
« Satanas vobiscum. » « Satan soit avec vous. »
Coven (répond)
« Et avec votre esprit. »
Grand Prêtre et Coven
(S'approche à gauche de l'autel humain pour commencer l'Offertoire. Il élève la patène contenant l'hostie consacrée)
« Lucifer, sauve-nous ! Maître, sauve-nous !
Astaroth, sauve-nous ! Maître, sauve-nous !
Shaitan, sauve-nous ! Maître, sauve-nous !
Zabulon, sauve-nous ! Maître, sauve-nous !
Maloch, sauve-nous ! Maître, sauve-nous ! »
(Le Grand Prêtre passe à droite de l'autel humain et élève le crâne ou calice contenant l'élixir)
« Satan, aie pitié ! Maître, aie pitié !
Baal, aie pitié ! Maître, aie pitié !
Azazel, aie pitié ! Maître, aie pitié !
Dagon, aie pitié ! Maître, aie pitié !
Mammon, aie pitié ! Maître, aie pitié ! »
Grand Prêtre
(Prenant la communion, consacre la patène et le calice avec la bénédiction de la Mort)
« Béni soit le pain et le vin de la mort... bénis mille fois plus que la chair et le sang de la vie, car vous n'avez pas été récoltés par des mains humaines ni broyés par aucune créature humaine. C'est notre Seigneur Satan qui vous a portés au moulin de la tombe, afin que vous

deveniez ainsi le pain et le sang de la révélation et du dégoût. Je crache sur vous ! Et je vous jette à terre ! En mémoire de Satan, parce que vous prêchez le châtiment et la honte à ceux qui voudraient s'émanciper et rejeter l'esclavage de l'église ! »
(Il jette l'hostie consacrée et le sang au sol devant l'autel et crache dessus. À ce signe, toute l'assemblée se précipite dans des cris de haine et piétine le mélange. Ils se battent aussi pour les restes à utiliser dans des sorts privés)
Grand Prêtre
(Arrachant ses vêtements et les piétinant)
« Ces ornements, insignes d'autorité, ne servent qu'à cacher la nudité qui est seule acceptable à notre Seigneur Satan ! »
(Tout le coven déchire ses robes et tous vêtements dans des hurlements et grognements bestiaux. Le silence tombe quand le Grand Prêtre frappe un gong, provoquant un effet de coup de tonnerre. Le Grand Prêtre lève la main gauche, aidant l'Initiée chancelante et apparemment droguée à descendre de l'autel pour se tenir nue devant le coven désormais nu)
« Initiée, tu m'as bien servi ! Lève-toi et rejoins ceux qui sont ici assemblés afin qu'ils te regardent et fassent de toi ce qu'ils désirent… »
(L'Initiée est poussée au milieu de l'assemblée)
Grand Prêtre

(Annonçant la fin de la messe formelle, proclamant la bénédiction pour une virilité accrue et appelant à l'hommage à Satan par un festin, des danses et une orgie générale jusqu'à l'aube)

« Moi, Prince des Démons et Grand Prêtre du Seigneur Satan, par cet acte vous libère de ce service. Préparez-vous à recevoir par moi la Bénédiction de notre Seigneur Satan, afin que vous honoriez le Créateur par le rite symbolique de son œuvre… »

(Tandis que la cloche d'autel sonne à nouveau neuf fois, le Grand Prêtre circule parmi l'assemblée, touchant les organes génitaux de chaque membre du coven d'une bénédiction satanique spéciale pour assurer le succès de l'orgie qui suivra. Le sexe rituel est facultatif une fois la messe terminée)

Grand Prêtre

« Ave Satanas ! Vade Lilith, vade retro Pan ! Deus maledictus est !!

Gloria tibi ! Domine Lucifere, per omnia saecula saeculorum. Amen !!

Fais ce que tu voudras sera toute la Loi !

Rege Satanas ! Hail Satan !

Ave Satanas ! Hail Satan !

Hail Satan !! Hail Satan ! »

Coven

« Hail Satan !! Hail Satan ! »

(L'orgie sexuelle rituelle commence – facultative)

Rituel de Destruction
Au nom du Chaos, Sam-Moveth-Az. Ob-Azoth Seigneur et Archidémon d'Infernus.
J'appelle les Cinq Portes du royaume sombre à s'effondrer. Que mes commandements chevauchent les vents hurlants de l'Abîme.
Ô Héraut de l'Enfer, voici : je prononce les Clés des 9 Angles et j'invoque le démon qui a enchaîné l'apocalypse, Abot-Thiavat, Maître des Sept, dont le nom est l'Oubli.
Par les Angles Ardents du Trapézoïde Étincelant par lesquels la 10e Clé (Malkuth) est brisée, la sentence de __________ a été prononcée.
Eurynome ! Cthonie ! Callrhoé ! Ekidne ! Ophioneus !
Samael ! Azazel ! Izidkiel ! Hanael ! Kepharel !
Les noms ont été prononcés, lâchez les Chiens de la Barrière et VENEZ, car le sceau est posé. Nous sommes semblables, et je vous invoque à travers moi-même afin que MA VOLONTÉ SOIT FAITE ! Par Sam-Moveth-Az, par Ophioneus : Léviathan, Lève-toi ! Bouge ! Apparais ! Quitte le vortex tourbillonnant au-delà de notre Cosmos et viens.
Voici la chèvre sans cornes, intacte, seule, nue devant vous, n'ayant que le Feu Noir qui brûle dans mon cœur. JE SUIS le mystère de VOTRE création ! Entre dans mon cœur et VA : frappe ! pourris ! brûle ! écrase ! consume et dévore !

Maintenant – TROUVE l'ennemi ou les ennemis avec ton chakra du cœur (PAS avec le chakra de l'œil-tête). Avec le chakra de l'œil-tête REGARDE comme si tu regardais d'en haut et FRAPPE l'ennemi. Cela sort comme « va-pause, va-pause, va-pause », pas comme le Vajra. Puis coupe tout, détache-toi totalement. Oublie même que tu l'as fait ! Détachement total.

Rituel de Baphomet

Se tenir face à la direction de son choix

Inspirer pleinement. Exhaler lentement en soutenant le son « I » (son aigu iiiiii !) en visualisant une énergie sombre dans la tête.

Inspirer pleinement. Exhaler lentement en soutenant le son « E » (son plus grave eeeeeh !) en visualisant une énergie sombre dans la gorge.

Inspirer pleinement. Exhaler lentement en soutenant le son « A » (son profond aaaaaah !) en visualisant une énergie sombre dans le cœur et les poumons, qui se répand dans les muscles des membres.

Comme au 2, mais le son « O » (oooooh !) dans la zone du ventre.

Comme au 2, mais le son « U » (très profond uuuuur !) dans la zone génitale/anale.

Répéter 6, puis 5, 4, 3, 2 en remontant vers la tête.

Tracer le pentagramme inversé devant soi (soit réellement au sol, soit dans l'œil de l'esprit en

traçant avec le bras). Dire :
« SAMAEL »
Avancer au point suivant ou à gauche. Tracer le pentagramme inversé et dire :
« LUCIFER »
Avancer au point suivant ou à gauche. Tracer le pentagramme inversé et dire :
« SATAN »
Avancer au point suivant ou à gauche. Tracer le pentagramme inversé et dire :
« AZAZEL »
Avancer au point suivant ou à gauche. Tracer le pentagramme inversé et dire :
« LÉVIATHAN »
Faire face au pentagone au centre ou avancer encore à gauche. Bras écartés, dire :
« Devant moi à ma droite SAMAEL
Devant moi à ma gauche AZAZEL
À côté de moi à gauche LUCIFER
À côté de moi à droite SATAN
Derrière moi LÉVIATHAN
Autour de moi flambe l'étoile de BAPHOMET, la Mère/Père de Tout !
En moi brûle la Flamme Noire du feu vital ! »
Répéter les étapes 2 à 7
Rituel de la Flamme Noire
Vous aurez besoin d'une cloche et d'une coupe de vin (ou d'eau).
Marcher en cercle dans le sens antihoraire en sonnant la cloche 9 fois.
Exécuter intégralement le Rituel de Baphomet.

Puis dire :
« Voici ! La terre, mon habitation, mon lieu de plaisir et de douleur. Je suis ici pour reconnaître mon lien avec elle et ses lois… les lois charnelles de l'homme… la vérité !
Je suis ici aujourd'hui pour proclamer ma vie au don et au pouvoir de la Bête, la bête en moi… le vrai Soi ! »
Sonner la cloche.
« J'appelle ma flamme noire intérieure depuis les cinq angles de notre Signe, notre Glyphe ancien. »
Face au point supérieur droit du pentacle :
« Gardien de l'Angle de la Porte, Source de mon être matériel, lieu de mon habitation et de la terre. J'appelle Samael ! »
Sonner la cloche.
Face au point supérieur gauche :
« Gardien de l'Angle de la Flamme, l'Étincelle dans l'œil de la Grande Obscurité, lieu de mon cœur, j'appelle Azazel ! »
Sonner la cloche.
Face au point inférieur gauche :
« Gardien de l'Angle de Lumière et d'air, force de mon souffle, demeure de l'illuminé, j'appelle Lucifer ! »
Sonner la cloche.
Face au point inférieur droit :
« Gardien de l'Angle du feu impie, la flamme intérieure de l'indulgence, demeure du prince des ténèbres. J'appelle Satan ! »

Sonner la cloche.
Face au point inférieur du pentacle :
« Gardien de l'angle de la mer profonde... le serpent jaillissant. Lieu de ma création et Racine de mon Être. J'appelle Léviathan ! »
Sonner la cloche.
« Et au-dessus de moi, la puissance et la gloire par-dessus tout, le Soi ! L'humanité dans sa gloire, je suis une véritable manifestation de sa grandeur. Shemhemphorash ! Hail à toi-même ! Je suis ici pour me réaliser et me bénir dans la Flamme Noire de vérité. Je suis ici pour me délivrer de la fausse connaissance et de l'auto-illusion, je suis ici pour ouvrir le chemin à ma nature charnelle.
Moi, bête des champs, être de chair, je me proclame sataniste.
Je rejette toute connaissance fausse et toute auto-illusion.
Je vis la vie pour moi-même et ceux que j'aime. »
Boire à la coupe d'eau (ou de vin) et dire :
« Je participe à cette bénédiction, je suis fortifié par ce mélange charnel, au nom des Cinq dont les Angles forment le Pentacle, et de tous les Dieux des Ténèbres Extérieures. Je suis investi de pouvoir par la flamme noire intérieure. Je marche dans le monde et je prends part à mes désirs et à ma vraie nature. Shemhemphorash, hail à toi-même ! »
Exécuter à nouveau le Rituel de Baphomet.

« C'est accompli. »

Sonner la cloche 9 fois pour clore.

Partie III – Théologie des Ténèbres
Chapitre Quatorze

Les Neuf Affirmations Sataniques

1. Satan représente l'indulgence plutôt que l'abstinence !
2. Satan représente l'existence vitale plutôt que des chimères spirituelles !
3. Satan représente la sagesse pure plutôt que l'hypocrisie et l'auto-illusion !
4. Satan représente la bonté envers ceux qui la méritent plutôt que l'amour gaspillé sur des ingrats !
5. Satan représente la vengeance plutôt que de tendre l'autre joue !
6. Satan représente la responsabilité envers les responsables plutôt que la sollicitude envers les vampires psychiques !
7. Satan représente l'homme comme un animal parmi d'autres, parfois meilleur, le plus souvent pire que ceux qui marchent à quatre pattes ; lui qui, grâce à son « développement divin spirituel et intellectuel », est devenu l'animal le plus féroce de tous !
8. Satan représente tous les prétendus péchés, car ils mènent tous à la satisfaction physique, mentale ou émotionnelle !

9. Satan a été le meilleur ami que l'Église ait jamais eu, car c'est lui qui l'a maintenue en activité toutes ces années !

Les Quatre Princes Couronnés de l'Enfer

SATAN — (hébreu) adversaire, opposé, accusateur, Seigneur du feu, de l'enfer, du sud
LUCIFER — (latin) porteur de lumière, illumination, l'air, l'étoile du matin, l'est
BÉLIAL — (hébreu) sans maître, bassesse de la terre, indépendance, le nord
LÉVIATHAN — (hébreu) le serpent des profondeurs, la mer, l'ouest

Pour le sataniste, il est inutile de vendre son âme au Diable ou de passer un pacte avec Satan. Cette menace a été inventée par le christianisme pour terroriser les gens afin qu'ils ne s'écartent pas du troupeau.
Du doigt menaçant et de la voix tremblante, on leur a appris que s'ils cédaient aux tentations de Satan et vivaient selon leurs penchants naturels, ils devraient payer leurs plaisirs coupables en livrant leur âme à Satan et en souffrant en Enfer pour l'éternité. On a fait croire aux gens qu'une âme pure était le passeport pour la vie éternelle.
La déesse teutonique des Morts, fille de Loki, s'appelait Hel, divinité païenne de la torture et du châtiment. Un second « l » fut ajouté quand

les livres de l'Ancien Testament furent rédigés. Les prophètes qui écrivirent la Bible ne connaissaient pas le mot « Enfer » ; ils utilisaient l'hébreu Sheol et le grec Hadès, qui signifiaient la tombe ; ainsi que le grec Tartare, séjour des anges déchus, les enfers (à l'intérieur de la terre), et Géhenne, vallée près de Jérusalem où régnait Moloch et où l'on jetait et brûlait les ordures. C'est de là qu'est née l'idée chrétienne d'« enfer de feu et de soufre ».
La plupart des satanistes n'acceptent pas Satan comme un être anthropomorphe avec sabots fendus, queue barbelée et cornes. Il représente simplement une force de la nature – les puissances des ténèbres ainsi nommées parce qu'aucune religion n'a su les sortir de l'obscurité. La science elle-même n'a pas réussi à leur donner un nom technique.
C'est un réservoir inexploité dont peu savent se servir parce qu'ils sont incapables d'utiliser un outil sans d'abord le démonter et étiqueter toutes ses pièces. C'est ce besoin incessant d'analyser qui empêche la plupart des gens de profiter de cette clé aux multiples facettes vers l'inconnu – clé que le sataniste choisit d'appeler « Satan ».
Satan, en tant que dieu, demi-dieu, sauveur personnel ou quel que soit le nom qu'on lui donne, a été inventé par les fondateurs de chaque religion sur terre dans un seul but :

présider aux activités et situations prétendument perverses de l'homme ici-bas. Par conséquent, tout ce qui procure une satisfaction physique ou mentale fut qualifié de « mal » – garantissant ainsi une vie entière de culpabilité injustifiée à tout le monde !
La distorsion de la vérité n'est pas un concept nouveau, mais beaucoup sont attirés par des paradigmes qui n'offrent rien de plus que de « belles histoires ».
Peut-être la population préfère-t-elle croire un mensonge plutôt que la vérité. En regardant l'histoire de l'humanité, cela semble être une hypothèse exacte et étayée par les faits. Combien de gens sont morts simplement pour avoir cru en une doctrine fausse et un charlatan charismatique ?
L'interprétation joue un rôle majeur dans la déformation de la vérité. Quand les preuves contredisent les bavardages vains du fourbe, une explication sacrée et privée, reçue directement du « être suprême », sert de preuve définitive que le catalyseur auto-proclamé avec pompe mérite louanges, obéissance, respect et, surtout, dîmes et offrandes.
L'antagoniste religieux recherche le trait de personnalité de la soumission et, une fois la victime repérée, construit une prison mentale symbolique. Les croyances fondamentales de la victime doivent être anéanties et remplacées

par la base de raisonnement souhaitée par le pédagogue. Les zélotes religieux se soucient rarement du bien supérieur et du bien-être de leurs sujets rampants.

Serait-il possible à une personne affamée d'obtenir un repas dans l'une de ces grandes citadelles aux autels impeccables ornés d'or pur ? Une femme battue pourrait-elle trouver refuge une nuit dans la sainte forteresse, dans les chambres angéliques ?

Une famille sans abri serait-elle accueillie à bras ouverts dans les salles sacrées du tabernacle canonique ? J'espère sincèrement que vous ne vous retrouverez jamais dans la position de mendier leur sainte miséricorde séraphique.

Le mot « hypocrite » vient d'un terme théâtral grec qui signifie « répondre sous un masque ». Un hypocrite est quelqu'un qui prétend être ce qu'il n'est pas ; plus simplement, un hypocrite est un acteur. Cependant, tous les acteurs ne sont pas hypocrites.

Ainsi la maxime « Fais ce que je dis, pas ce que je fais » résonne presque à travers toute l'histoire. C'est la véritable nature et pathologie de l'Homo sapiens. L'orgueil et la vanité sont les pierres angulaires de notre société actuelle. Les agences publicitaires conçoivent des campagnes médiatiques pour leurs clients en exploitant ces puissantes motivations. Comment résister à l'envie irrésistible de

paraître d'une certaine façon ou d'être perçu comme supérieur aux autres autour de vous ? Croyez-le ou non, la publicité fonctionne.
Comme il doit être clair à présent, la plupart des formulations du discours et de la pratique sataniques ont un côté positif et un côté négatif. Le côté positif est auto-religieux : il met l'accent sur l'autonomisation, la réalisation de soi, l'actualisation, l'affirmation ou le développement, qu'il se manifeste sous forme d'intérêt rationnel pour soi, de gnose ou de développement des potentiels naturels. Satan possède des attributs attirants et est symboliquement assimilé au soi.
Satan est l'Adversaire, le rebelle ultime, et représente donc symboliquement la posture que l'on adopte dans la poursuite de l'intérêt personnel et du développement de soi. En somme, le Satan du satanisme est fortement détraditionalisé et, bien que nominalement lié au christianisme, ne peut être compris dans un sens strictement chrétien. Le satanisme moderne n'est donc pas une secte chrétienne, un christianisme inversé ou une herméneutique chrétienne.
Le satanisme est aussi l'acte de déclarer et de pratiquer une posture d'adversaire. Notre croyance vous libère du dogme et du jugement. Tournez votre esprit vers la vérité et vos pieds vers le sentier de la main gauche. Le choix vous appartient. Vous êtes intelligent et

vous prendrez la bonne décision pour vous ! Malgré le fait que certains d'entre nous n'aient peut-être pas été désirés, ou du moins pas particulièrement planifiés, nous sommes contents – même si personne d'autre ne l'est – d'être ici ! Vous devriez vous taper dans le dos, vous offrir ce que vous voulez, vous traiter comme le roi (ou le dieu) que vous êtes, et célébrer votre anniversaire avec le plus de pompe et de cérémonie possible.

Après son propre anniversaire, les deux grandes fêtes sataniques sont la nuit de Walpurgis (1er mai) et Halloween, ou la veille de la Toussaint (31 octobre). Les solstices et équinoxes sont également célébrés comme des fêtes, car ils annoncent le premier jour des saisons. La différence entre solstice et équinoxe est sémantique et concerne la relation entre le soleil, la lune et les étoiles fixes. Le solstice concerne l'été et l'hiver ; l'équinoxe, l'automne et le printemps.

Le solstice d'été est en juin, le solstice d'hiver en décembre. L'équinoxe d'automne est en septembre, l'équinoxe de printemps en mars. Les dates varient d'un ou deux jours selon les années, en fonction du cycle lunaire, mais tombent généralement le 21 ou le 22 du mois. Cinq à six semaines après ces dates ont lieu les légendaires réjouissances sataniques.

La personne qui officie le rituel se tient face à l'autel et au symbole de Baphomet pendant

tout le rituel, sauf indication contraire.
Si possible, l'autel doit être contre le mur ouest. Dans les rituels exécutés par une seule personne, le rôle de prêtre n'est pas requis. Quand plusieurs personnes participent, l'une d'elles doit agir comme prêtre. Dans un rituel privé, l'unique exécutant suit les instructions du prêtre.
Chaque fois que le prêtre prononce « Shemhamforash ! » et « Hail Satan ! », les autres participants répètent après lui. La cloche ou le gong est frappé après la réponse « Hail Satan ! » des autres participants.
Toute conversation (hors contexte du rituel) est interdite après le son de la cloche au début, jusqu'à ce qu'elle résonne à nouveau à la fin du rituel.
Le Livre de Bélial (Bible Satanique) contient les principes de la magie et du rituel sataniques. Avant d'essayer les rituels du Livre de Léviathan (Bible Satanique), il est impératif de lire et comprendre intégralement le Livre de Bélial. Tant que cela n'est pas fait, aucun succès ne peut être attendu.
Habillez-vous pour le rituel, disposez les instruments ; allumez les bougies et éteignez toutes les sources de lumière extérieure ; placez les parchemins à droite et à gauche de l'autel comme indiqué. Si une femme sert d'autel, elle prend maintenant position, tête au sud, pieds au nord.

Purification de l'air par le son de la cloche. Le prêtre lit à voix haute l'« Invocation à Satan » et les « Noms Infernaux » qui suivent (Livre de Léviathan). Les participants répètent chaque Nom Infernal après le prêtre.
Boire au calice. En tournant dans le sens antihoraire, le prêtre pointe l'épée vers chaque point cardinal et invoque les Princes respectifs de l'Enfer : Satan du sud, Lucifer de l'est, Bélial du nord, Léviathan de l'ouest.
Bénédiction avec le phallus (s'il est utilisé). Le prêtre lit à voix haute l'invocation appropriée à la cérémonie : Luxure, Compassion ou Destruction (Livre de Léviathan).
Dans le cas d'un rituel personnalisé, cette étape est extrêmement importante. La solitude est compatible avec l'expression des désirs les plus secrets ; aucun effort pour « se retenir » ne doit être fait dans l'exécution, la verbalisation ou la projection d'images liées à vos désirs. C'est à cette étape que votre « plan » est dessiné, emballé et envoyé au destinataire de votre travail.

Chapitre Quinze

« Il n'existe aucune différence entre la magie « blanche » et la magie « noire », si ce n'est l'hypocrisie suffisante, la droiture chargée de culpabilité et l'auto-illusion du magicien « blanc » lui-même. »
Anton Szandor LaVey

Le satanisme a été bien moins répandu au cours de l'histoire que beaucoup ne voudraient le croire. Les inquisiteurs et chasseurs de sorcières des siècles passés ont tenté de convaincre les populations que les adorateurs du diable étaient partout et représentaient une menace sérieuse pour leur bien-être. Pendant environ 250 ans, du milieu du XVe siècle au début du XVIIIe siècle – l'apogée des chasses aux sorcières –, cet argument a fonctionné. Il est possible qu'un certain culte du diable ait réellement existé à cette époque, comme acte de défi chez ceux qui s'opposaient à l'autorité de l'Église chrétienne.
Le plus grand mouvement du satanisme moderne a commencé dans les années 1960

aux États-Unis, sous l'impulsion d'Anton Szandor LaVey, un homme astucieux, intelligent, doté d'une personnalité charismatique et d'une allure imposante. LaVey fonda l'Église de Satan à San Francisco en 1966 ; ses activités attirèrent une énorme couverture médiatique.
La nuit de Walpurgis (30 avril) 1966, LaVey se rasa le crâne et annonça la fondation de l'Église de Satan. Il comprit astucieusement la valeur choc de l'utilisation du mot « église » pour un culte rendu au diable, et reconnut le besoin inné des gens de rituel, de cérémonie et de mise en scène. Il célébra des baptêmes, mariages et funérailles sataniques, tous largement relayés par les médias. Il utilisa une femme nue (partiellement recouverte d'une peau de léopard) comme autel. Sa femme, Diane, devint grande prêtresse de l'Église. Il baptisa Zeena. Karla commença à donner des conférences sur le satanisme dans les universités.
L'adoration du Prince des Ténèbres est au moins aussi ancienne que la tradition judéo-chrétienne, et la croyance en des pouvoirs magiques n'avait rien de nouveau. Ce qui était inédit, c'était l'emploi par LaVey du terme « église » dans le nom de son organisation. Certains l'accusèrent de blasphème ; il fit remarquer que le mot lui-même vient du grec et s'applique à tout groupe qui se sent

« appelé hors » du commun pour un dessein spécial. Et il ne faisait aucun doute que LaVey considérait son église comme tout à fait spéciale. Outre les cérémonies et rituels dédiés au Prince des Ténèbres, il y eut des mariages, des funérailles et des baptêmes d'enfants au nom de Satan.

Le seuil de la magie est un territoire que beaucoup refusent de franchir, soit par peur, soit par paresse. Halloween est réservé à ceux qui souhaitent goûter aux bienfaits de la magie sans jamais ouvrir leur esprit aux forces magiques le reste de l'année.

La magie elle-même est un phénomène multidimensionnel qui peut non seulement exaucer les vœux du magus, mais dépasser toutes les attentes de ceux qui assistent à sa forme la plus pure. Pour certains, la magie est nécessaire pour s'élever au-dessus des drones épuisants de la vie quotidienne. Pour d'autres, elle est un outil pour nuire et semer le chaos dans l'univers.

Pour le magus dévoué, la magie est un mode de vie indissociable de l'existence quotidienne du praticien. Elle est intimement tissée dans le tissu de l'existence des rares élus qui choisissent de poursuivre la forme la plus authentique de la magie et tout ce que cet art offre à ceux qui s'y plongent plus profondément.

Le chemin de l'illumination est jalonné d'une

abondance de défis et de périls que beaucoup ont tenté de contourner. Le temps et l'adversité épuisent rapidement la volonté nécessaire pour transmettre les secrets du travail. Beaucoup préfèrent rester dans leur zone de confort et inventer leurs propres théories de la magie plutôt que de faire l'expérience du pouvoir et de la connaissance ultimes. Un serviteur peut-il remettre en question un Maître ?
Les expériences sont les seuls outils dont dispose le magus ; plus elles sont nombreuses, mieux il est préparé à ce qui l'attend. En matière de magie, très peu peuvent puiser dans une richesse d'informations issues du passé. Leur satisfaction se mue rapidement en appréhension lorsqu'ils sont confrontés à un magus compétent.
On peut nourrir les moutons de n'importe quoi s'ils n'ont jamais goûté ce qui est vraiment bon et nourrissant. Le coven se contentera de rituels vides et de jeux de rôle s'il n'a aucune autre expérience à laquelle se référer. De nombreux charlatans profitent de cette vérité lorsqu'ils ne sont pas mis au défi. Ni la magie, ni le magicien ne sont au-delà de toute remise en question ! Ceux qui cherchent à étouffer le coven devraient être regardés avec suspicion par le coven.
Ainsi, nous faisons maintenant appel à la

puissance supérieure pour ouvrir grand les pages de ce livre et les emplir de compréhension et de sagesse à l'usage de tous ceux qui les tourneront. Ceux qui ouvriront leur esprit et leur cœur recevront des bénédictions en mesures débordantes.

En revanche, pour les imposteurs, les escrocs et les hypocrites religieux, les pages de ce livre contiendront une énigme d'horreur agonisante qui maudira les jours et les nuits du reste de votre vie. Pour avoir traité une chose aussi sérieuse avec légèreté, votre manipulation et votre mépris insouciant des conséquences de vos actes seront un opprobre pensif. Votre rétribution sera une dissolution littérale et des fléaux d'ampleur épique.

La magie noire est une perversion égoïste des arts magiques visant à détruire autrui ou à obtenir un gain personnel ; c'est l'utilisation consciente de rituels de magie noire pour exercer le mal. Le magicien noir est une personne qui veut le pouvoir pour elle-même. Un magicien peut invoquer le Diable ou l'un de ses démons et rester un magicien blanc tant que le but de l'invocation est bienveillant.

Les magiciens noirs sont généralement ceux qui ont passé un pacte avec le Diable. Ils invoquent des puissances diaboliques et infernales par des rituels et sorts de magie noire. La nécromancie est l'acte d'invoquer les morts à des fins de divination. Il ne faut pas la

confondre avec l'invocation de diables ou démons pour obtenir de l'aide. La nécromancie est un mode spécial de divination par l'évocation des morts.
Le cas classique de nécromancie est la sorcière d'Endor, décrite dans la Bible (1 Samuel 28), qui invoqua l'esprit de Samuel en présence de Saül. La nécromancie est une divination par l'appel aux esprits des morts. Elle a une histoire longue et très variée selon les cultures et les époques. Si vous avez l'intention d'appeler un esprit maléfique, vous devez connaître le sceau de cet esprit, que vous devrez tracer sur parchemin pendant le rituel. Et si vous estimez avoir commis une erreur, vous devrez la corriger en ajoutant ou en retranchant, car la constance de la répétition accroît souvent votre autorité et votre pouvoir, terrifie les esprits et les soumet à l'obéissance.
Ainsi soit-il !

Chapitre Seize

« Bélial signifie « sans maître » et symbolise la véritable indépendance, l'autosuffisance et l'accomplissement personnel. Bélial représente l'élément terre ; on y trouvera ici une magie les deux pieds sur terre – une procédure magique réelle, dure, fondamentale – et non des platitudes mystiques dépourvues de toute raison objective. Cessez de sonder. Voici le roc ! »

La Bible Satanique, Le Livre de Bélial
Anton Szandor LaVey

Pour commencer l'étude de la magie, il faut d'abord se tourner vers l'esprit afin de comprendre où nous sommes et comment nous y sommes parvenus.
Au cours d'une vie, il y a des moments de clarté et des moments d'obscurité. Au sommet de sa forme mentale, l'individu connaît une grande lucidité de pensée et des réalisations profondes. Dans ses bas-fonds, il éprouve dépression, colère ou mélancolie. Drogues, substances chimiques, aliments et changements de mode de vie peuvent affecter ses processus de pensée de diverses façons. En mettant de côté pour l'instant l'existence objective d'esprits ou de démons, la magie

rituélique est une manière de contrôler l'esprit. Sans recourir à des drogues ou des produits chimiques, le magicien maîtrise directement son niveau de conscience éveillée. Il fait l'expérience de la « conscience » mentale, un état que les profanes n'atteignent qu'après de grandes quantités de café ou d'autres stimulants. Les esprits ou démons qu'il invoque répondent à ses invocations. À mesure que le magicien progresse dans l'Art Magique, il gagne la maîtrise de ses émotions et connaît plus de « sommets » que de « vallées ».

Peu importe que les esprits existent objectivement ou non. Ils sont réels pour le magicien qui les invoque et pour la victime qui subit la force de la magie.

Tous les systèmes de magie utilisent des techniques similaires et fonctionnent de façon relativement identique. Le fait que la magie fondée sur le culte de dieux païens ait la même efficacité que celle fondée sur la Kabbale judéo-chrétienne ou le gnosticisme montre que ce sont les techniques employées et leur effet sur l'esprit du praticien qui expliquent les pouvoirs magiques, et non les divinités ou esprits invoqués en particulier.

Dans le cadre de la spiritualité et de la magie se trouve une vérité connue de nombreux praticiens sous le nom d'assentiment cognitif. C'est la soumission à l'idée que la magie est réelle et puissante. Toute résistance cesse alors, les travaux atteignent un niveau supérieur de compréhension et les résultats deviennent bien plus considérables. Accepter les voies de la magie telles qu'elles sont peut être un moment décisif dans la vie d'un magus. Un niveau de conscience plus élevé et des résultats bien plus grandioses s'ensuivent.

Dans mes premières années d'étude, j'ai eu la chance de travailler avec un Grand Prêtre et de pouvoir lui poser des questions, lui soumettre des hypothèses comme caisse de résonance. Il avait consacré sa vie à la compréhension du sujet de la cognition.

En tant que nouveau membre du coven, je m'exerçais à lancer sorts et maléfices, comme on le fait souvent ; pourtant ma magie était totalement inefficace. Un jour, je demandai au Grand Prêtre pourquoi ma magie ne produisait aucun résultat. Il me répondit : « Pourquoi pratiques-tu la magie ? Qu'attends-tu comme résultat ? »

Je fus pris au dépourvu et incapable de répondre. Il ajouta alors : « Voilà ta réponse. Pour que la magie fonctionne, tu dois savoir pourquoi tu la pratiques et ce que tu attends du travail. »

Son explication fut limpide. La magie commence dans l'esprit, puis se dirige vers l'univers et finalement vers le sujet ou la cible.

C'est le bon endroit pour inclure les 21 Points Sataniques :

1. Ne respecte ni pitié ni faiblesse, car ce sont des maladies qui rendent malade le fort.
2. Mets toujours ta force à l'épreuve, car c'est en elle que réside le succès.
3. Cherche le bonheur dans la victoire – mais jamais dans la paix.
4. Préfère un court repos à un long.
5. Viens comme un moissonneur, car ainsi tu sèmeras.
6. N'aime jamais rien au point de ne pas pouvoir le voir mourir.
7. Ne bâtis pas sur le sable, mais sur le roc ; et ne bâtis pas pour aujourd'hui ou hier, mais pour tous les temps.
8. Aspire toujours à davantage, car la conquête n'est jamais achevée.
9. Meurs plutôt que de te soumettre.
10. Ne forge pas des œuvres d'art mais des épées de mort, car c'est là que réside le grand art.
11. Apprends à t'élever au-dessus de toi-même afin de triompher de tout.
12. Le sang des vivants est un bon engrais pour les graines du neuf.
13. Celui qui se tient au sommet de la plus haute pyramide de crânes voit le plus loin.
14. Ne rejette pas l'amour mais traite-le comme un imposteur, tout en restant juste.
15. Tout ce qui est grand est bâti sur la douleur.

16. Ne lutte pas seulement vers l'avant, mais vers le haut, car la grandeur réside dans le plus haut.
17. Viens comme un vent frais et puissant qui détruit mais crée aussi.
18. Que l'amour de la vie soit un but, mais que ton but suprême soit la grandeur.
19. Rien n'est beau hormis l'homme ; mais le plus beau de tout est la femme.
20. Rejette toute illusion et tout mensonge, car ils entravent le fort.
21. Ce qui ne tue pas rend plus fort.

La magie satanique est l'utilisation de forces ou énergies magiques pour enrichir la vie d'un individu ou de plusieurs individus selon leurs désirs. Cette utilisation peut être de deux types : externe et interne. La magie externe est essentiellement de la sorcellerie : la modification d'événements, de circonstances ou de personnes extérieurs conformément aux souhaits du sorcier. La magie interne est la transformation de la conscience du magicien lui-même à l'aide de certaines techniques magiques – c'est essentiellement la quête de l'Initié vers les grades supérieurs de réalisation magique.

Les rituels cérémoniels impliquent plus de deux personnes et se déroulent soit dans un Temple intérieur, soit dans un lieu extérieur consacré comme Temple. Ils suivent un texte fixe, portent des robes cérémonielles et utilisent des objets ayant une signification magique ou occulte. Les rituels hermétiques sont généralement pratiqués par un individu seul ou avec un seul assistant. À la magie externe appartiennent les rituels cérémoniels et hermétiques. À la magie interne appartient la voie sinistre septuple.

Les satanistes croient que nous sommes déjà des dieux : mais la plupart des gens ne le comprennent pas et continuent de ramper devant les autres ou devant un « dieu ». Le satanisme, à ses débuts, consiste à rendre consciente (ou à libérer) notre nature sombre ou ombreuse ; à cette fin, la magie satanique est pratiquée. Le satanisme est l'expression naturelle de l'élan évolutionnaire ou prométhéen qui est en nous : sa magie est un moyen de faire de nous des dieux sur Terre, de réaliser le potentiel qui sommeille en chacun.

Dans le satanisme traditionnel, on reconnaît le rôle des femmes, car le satanisme à son niveau le plus élevé vise le développement de l'individu : les rôles ne sont qu'une étape nécessaire du développement personnel – à jouer, puis à dépasser. La structure des Temples traditionnels et les rituels exécutés par leurs membres reflètent cette reconnaissance. Par exemple, il est possible et souhaitable qu'une Maîtresse de la Terre fonde et organise son propre Temple si elle le désire ;

il est également possible et souhaitable de célébrer la Messe Noire avec un prêtre nu sur l'autel tandis que la Prêtresse dirige le service – cette inversion étant un principe accepté de la Magie Noire.

Les cérémonies sataniques sont un moyen de jouir des plaisirs de la vie : elles offrent la carnalité, la satisfaction des désirs, l'obtention de récompenses matérielles et personnelles, et les joies des ténèbres. Mais elles ne sont qu'un commencement, une étape vers quelque chose de plus grand.

Les rites sataniques se déroulent soit dans un Temple intérieur, soit dans un lieu isolé en plein air, pendant les heures d'obscurité. Les Temples intérieurs possèdent généralement un autel fixe en pierre ou en bois, placé à l'est et recouvert d'une nappe d'autel de bonne qualité, noire, sur laquelle est tissé soit un pentagramme inversé, soit le sigle du Maître/ Maîtresse ou du Temple. Des chandeliers en argent ou en or sont posés sur l'autel, un à chaque extrémité. On utilise généralement des bougies noires, bien que certains rituels requièrent d'autres couleurs.

D'autres chandeliers doivent être disposés autour du Temple, car la seule lumière autorisée, pendant les rituels comme en dehors, doit provenir de bougies. Le Livre Noir est placé sur un pupitre en chêne sur l'autel, l'autel étant assez grand pour qu'une personne

puisse s'y allonger.
Les Temples intérieurs doivent être peints en noir ou en cramoisi (ou une combinaison des deux), le sol nu ou recouvert de tapis ou moquettes sobres, noirs ou cramoisis. Quand il n'est pas utilisé, le Temple doit rester sombre et chaud, avec de l'encens de noisetier brûlé fréquemment. Une sphère de quartz ou un gros cristal doit être conservé dans le Temple, soit sur l'autel, soit à proximité sur un support en chêne.
Au-dessus ou derrière l'autel doit figurer une image ou sculpture de Baphomet selon la Tradition satanique. Baphomet est considérée par les satanistes comme une « déesse violente » et représentée comme une belle femme assise, nue jusqu'à la taille. Dans sa main gauche, elle tient la tête tranchée d'un homme. Dans l'autre, une torche enflammée. La tête coupée, qui dégouline de sang sur son vêtement blanc du bas, est tenue de façon à masquer partiellement son visage souriant. Baphomet est l'archétype de la Maîtresse de la Terre et l'Épouse de Lucifer.
Aucun autre meuble n'est présent dans le Temple. Les instruments sont peu nombreux et doivent être fabriqués ou commandés par le Maître ou la Maîtresse. À défaut, ils doivent être choisis avec soin. Les instruments requis sont : plusieurs grands calices en argent, un encensoir, un tétraèdre de quartz, un grand bol

en argent et le Couteau Sacrificiel à manche en bois.

Nul n'est autorisé à entrer dans le Temple s'il n'est vêtu d'une robe cérémonielle et pieds nus. Les robes sont généralement noires à capuchon, mais certains rituels requièrent d'autres couleurs. Si possible, une antichambre doit permettre aux membres de se changer.

Pour un lieu extérieur, le Maître ou la Maîtresse délimite l'espace par un cercle de sept pierres. L'autel extérieur est généralement le corps nu ou vêtu (selon le rituel et les conditions) d'un des participants. La personne choisie pour cet honneur s'allonge sur une nappe noire tissée d'un pentagramme inversé, d'au moins sept pieds sur trois.

Les bougies doivent être placées dans des lanternes s'ouvrant d'un seul côté, muni d'un verre souvent rouge. Les participants doivent bien connaître le lieu, car aucun éclairage artificiel, même des bougies, ne doit être utilisé pour s'y rendre. Aucun feu ne doit être allumé pendant le rituel. C'est pourquoi la nuit de pleine lune est souvent choisie.

Il incombe au Maître et à la Maîtresse de préparer les membres au rituel. Cela implique généralement qu'ils se réunissent en robe dans le Temple ou une antichambre au moins une demi-heure avant le début, en silence, concentrés sur l'image de Baphomet ou un sigle désigné. Un ou plusieurs membres sont choisis comme Chantre et formés au chant correct. D'autres peuvent être musiciens – tambourin ou flûte étant les instruments préférés.

En considérant la nature de tout dieu, il faut d'abord considérer la nature de l'homme et de l'univers, car sans comprendre soi-même ni l'univers dans lequel on vit, comment approcher une compréhension de Dieu ? Chaque homme possède une conscience indépendante de toute autre créature. Il perçoit une séparation entre lui et le monde qui l'entoure. Il expérimente images, sons, odeurs, goûts et formes physiques à travers ce qu'il perçoit comme son corps physique. Il éprouve aussi pensées, émotions et autres phénomènes qui ne se manifestent ni visuellement ni audiblement mais qui l'influencent néanmoins et qu'il perçoit comme venant « de l'intérieur » de sa conscience.

Depuis les temps les plus reculés, l'homme a tenté de réconcilier cette condition de « séparation d'avec l'univers ». L'homme primitif, terrifié par les images et les sons qui l'assaillaient de toutes parts et par la terre qui semblait prête à l'engloutir à nouveau comme si l'univers réalisait qu'il avait commis une terrible erreur, effrayé par cette chose appelée « vie » et tout aussi effrayé par la mort, commença à imaginer autour de lui d'horribles

dieux et démons. Ces monstres qui rugissaient de colère et possédaient certainement le pouvoir de le détruire devaient être apaisés sous peine de mort imminente.
Beaucoup de gens aujourd'hui ont rejeté les religions établies du passé. C'est naturel quand on considère que, alors que la société a changé, les enseignements et doctrines de ces religions n'ont pas évolué depuis plus de mille ans. Beaucoup ne parviennent pas à concilier les valeurs et croyances de la société avec celles des religions dominantes. Nous sommes à un moment de l'histoire où les religions dominantes du passé seront remplacées par des religions dont les valeurs correspondent davantage à celles de la société actuelle. C'est pourquoi tant de gens ont cherché de nouvelles religions et se sont tournés vers la Wicca, les philosophies New Age ou des cultes alternatifs comme Heaven's Gate ou le Temple Solaire.
Bien que les cultes dédiés au mysticisme New Age ou à la magie de lumière blanche aient connu un certain succès auprès de ceux qui cherchaient « quelque chose ou n'importe quoi de spirituel » – principalement à cause de l'appauvrissement de l'ego et de la famine intellectuelle imposés par le christianisme –, ils ne sont finalement pas plus pertinents pour la société d'aujourd'hui que les religions du passé.

Le monde cherche une religion qui embrasse la connaissance scientifique actuelle, reconnaît la nature psychologique de l'homme, perçoit le potentiel de l'homme à accomplir bien plus que ce qu'il a déjà réalisé, tout en conservant des croyances et valeurs éthiques conformes à celles de la société actuelle, et en étant prêt à faire évoluer ces valeurs au fil des changements futurs de la société. Malgré certains individus qui ne voient dans le satanisme rien d'autre qu'un anti-christianisme, une religion dépravée de blasphème ou l'expression de désirs et impulsions antisociaux, l'accent mis par le satanisme sur l'ego et l'intellect, ainsi que sa reconnaissance du potentiel ultime de l'homme, en font la seule religion pertinente dans la société actuelle.

Tous les dieux créés par l'homme ont une chose en commun : ils sont statiques et immuables. Yahvé réside au ciel, immuable, inflexible, créateur de l'univers et de tout ce qu'il contient. Christ siège à la droite de Dieu, prêt à juger les vivants et les morts. Zeus réside sur le mont Olympe, brandissant l'éclair, symbole de sa puissance divine. Les valeurs de la société et la structure de ses institutions sont définies comme « bonnes ». Ce qui menace la société est défini comme « mauvais ». Les définitions du bien et du mal varient d'un pays à l'autre et d'un siècle à l'autre. Dieu est défini par ce qui est « statique » et immuable.

Ce qui est « dynamique », menace potentielle pour le statu quo – guerre, révolution, troubles politiques ou soulèvements sociaux – est représenté par le Diable. Mais si l'univers est dynamique et non statique, et si la conscience n'EST PAS mais EST EN DEVENIR, alors le diable, Satan, reflète bien plus exactement la véritable nature de Dieu que Christ, Yahvé ou toute autre image de Dieu créée et définie par l'homme.

Pour le véritable sorcier, il n'existe ni « bien » ni « mal » ; il n'y a que sa VOLONTÉ. C'est le fondement de la Loi de Thelema de Crowley. Ceux qui interprètent « Fais ce que tu voudras » comme « fais ce que tu veux » ne comprennent pas qu'il s'agit de la VOLONTÉ magique dont parle Crowley. Ce que le sorcier désire (ou croit désirer) peut ne pas être ce que son « soi supérieur » a réellement VOULU voir se produire.

En développant la Loi de Thelema, Michael Aquino a conceptualisé et proclamé le Mot XEPER, par lequel le sorcier peut « devenir » et finalement atteindre sa véritable VOLONTÉ et la réalisation de son « soi supérieur ». Sans Thelema, Xeper n'aurait jamais existé, car c'est par Thelema que Xeper devient possible.

L'univers n'est pas la réalité... Il n'est qu'un rêve. Seule la conscience existe. Une seule conscience existe, isolée dans un vide de néant. Il n'y a pas de Dieu. Il n'y a pas d'autre conscience que celle de l'Un. Elle dort. Elle rêve. Quand elle se réveille d'un rêve, un autre commence. Il n'y a pas de réalité à laquelle elle puisse s'éveiller. Il n'y a rien en dehors de la conscience. L'univers semble réel aux personnages du rêve, mais ce qu'ils perçoivent comme « soi » n'existe pas. La conscience des multiples est la conscience de l'Un. Les vies des multiples sont les rêves de l'Un.

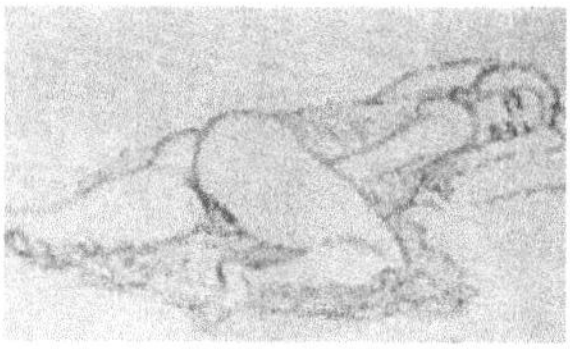

Chapitre Dix-sept

Les Onze Règles Sataniques de la Terre
Anton Szandor LaVey, 1967

1. Ne donne ni opinions ni conseils si on ne te les demande pas.
2. Ne confie pas tes problèmes aux autres à moins d'être certain qu'ils veulent les entendre.
3. Quand tu es dans le repaire d'un autre, montre-lui du respect ou n'y va pas.
4. Si un invité dans ton repaire t'importune, traite-le avec cruauté et sans pitié.
5. Ne fais pas d'avances sexuelles tant qu'on ne t'a pas donné le signal d'accouplement.
6. Ne prends pas ce qui ne t'appartient pas à moins que cela soit un fardeau pour l'autre et qu'il crie pour en être soulagé.
7. Reconnais le pouvoir de la magie si tu l'as utilisée avec succès pour obtenir ce que tu désires. Si tu nies le pouvoir de la magie après l'avoir invoquée avec succès, tu perdras tout ce que tu as obtenu.
8. Ne te plains de rien à quoi tu n'es pas obligé de te soumettre.

9. Ne fais pas de mal aux petits enfants.
10. Ne tue pas d'animaux non humains sauf si tu es attaqué ou pour te nourrir.
11. Quand tu marches en terrain découvert, n'importune personne. Si quelqu'un t'importune, demande-lui d'arrêter. S'il n'arrête pas, détruis-le.

Les « sept péchés capitaux » de l'Église chrétienne sont l'avarice, l'orgueil, l'envie, la colère, la gourmandise, la luxure et la paresse. Le satanisme prône l'indulgence dans chacun de ces « péchés », car ils mènent tous à la satisfaction physique, mentale ou émotionnelle. Un sataniste ne voit rien de mal à être avare, car cela signifie simplement qu'il veut plus que ce qu'il possède déjà. L'envie signifie simplement regarder avec faveur les biens d'autrui et désirer s'en procurer de semblables. L'envie et l'avarice sont les forces motrices de l'ambition ; sans ambition, très peu de choses importantes seraient accomplies.
La gourmandise, c'est simplement manger plus que nécessaire pour rester en vie. Quand on a trop mangé au point de devenir obèse, on recourt souvent à un autre péché – l'orgueil – pour retrouver une apparence qui restaure le respect de soi. Toute personne qui achète un vêtement pour un autre motif que couvrir son corps et se protéger des éléments est coupable d'orgueil. On peut rencontrer des

moqueurs qui prétendent que les étiquettes ne sont pas nécessaires. Il peut être un petit exercice gratifiant pour l'ego de leur faire remarquer qu'un ou plusieurs articles qu'ils portent ne sont pas nécessaires pour les tenir au chaud. Il n'existe personne sur terre qui soit totalement dépourvu d'ornementation. On peut leur dire que toute parure de leur corps montre qu'ils sont, eux aussi, coupables d'orgueil. Peu importe la verbosité de leur description intellectuelle de leur prétendue liberté, ils portent encore les marques de l'orgueil. Cette réflexion peut n'avoir d'autre but que de vous procurer la satisfaction d'abuser des non-satanistes.

Être réticent à se lever le matin, c'est être coupable de paresse ; et si l'on reste assez longtemps au lit, on risque de s'adonner à un autre péché – la luxure. Le moindre frémissement de désir sexuel rend coupable de luxure. Pour assurer la propagation de l'humanité, la nature a fait de la luxure le deuxième instinct le plus puissant, le premier étant la préservation de soi. Le comprenant, l'Église chrétienne a fait de la fornication le « péché originel ».

Puisque les instincts naturels de l'homme le conduisent au péché, tous les hommes sont pécheurs ; et tous les pécheurs vont en Enfer. Si tout le monde va en Enfer, c'est là que tu retrouveras tous tes amis. Le Paradis doit être

peuplé de créatures très étranges s'ils ne vivent que pour aller dans un endroit où ils pourront jouer de la harpe pour l'éternité.
On nous a dit que l'Enfer était un endroit terrible constitué d'un immense lac de feu. Le plaisir, comme la beauté, est dans l'œil de celui qui regarde. Les missionnaires chrétiens eurent très peu de succès en Alaska car, pour un Esquimau qui ne connaît que le froid glacial, un lac de feu perpétuel est très attirant. À la grande détresse des missionnaires, les Esquimaux demandaient : « Comment y va-t-on ? »
L'Enfer a toujours été le moule dans lequel on a coulé le Paradis. Le Paradis ou le Ciel représente, pour la plupart des gens, la vision d'avoir tous leurs désirs exaucés… ces mêmes désirs qui, s'ils avaient été pratiqués durant leur vie terrestre, les auraient certainement envoyés en Enfer !
La vie est une indulgence, la mort une abstinence. Pour une personne satisfaite de son existence terrestre, la vie est comme une fête, et personne n'aime quitter une bonne fête. De même, si une personne s'amuse ici-bas, elle ne renoncera pas si facilement à sa vie pour la promesse d'une vie après la mort dont elle ne sait rien.
Dans la plupart des religions, la mort est présentée comme un beau réveil spirituel. Cela est très attirant pour celui qui n'a pas eu une

vie satisfaisante. Mais pour ceux qui ont connu toutes les joies que la vie peut offrir, la mort inspire une grande crainte. Et c'est ainsi que cela doit être. C'est cette soif de vie qui permettra à la personne vitale de continuer à vivre après la mort inévitable de son enveloppe charnelle.

La vie est la grande indulgence – la mort la grande abstinence.

Maudits soient ceux qui regardent vers une vie plus riche au-delà de la tombe,

Bénis soient ceux qui croient en ce qui est le meilleur pour eux ;

Béni est l'homme qui a une poignée d'ennemis;

Maudits soient ceux qui font du bien à autrui qui, en retour, les méprisent ;

Trois fois maudits sont les faibles dont l'insécurité les rend vils.

Chapitre Dix-huit

La magie sexuelle consiste à utiliser sa sexualité pour accomplir de la magie. Cette technique n'est ni nouvelle ni scandaleuse ; bien qu'elle soit généralement gardée secrète, de nombreux systèmes ésotériques emploient la sexualité à des fins spirituelles et magiques. On en trouve des exemples dans la sorcellerie, le chamanisme, l'alchimie, le tantrisme bouddhiste et hindou, ainsi que dans la religion de l'Égypte ancienne.

Une forme plus connue de magie sexuelle est l'union sexuelle cérémonielle d'un homme et d'une femme sur la terre pour assurer une bonne récolte. Leur acte de fertilité devait encourager la terre à produire une moisson abondante. La magie sexuelle occidentale trouve ses racines dans la kabbale hébraïque et s'est répandue à travers plusieurs doctrines occultes comme les Templiers et la franc-maçonnerie.

Aujourd'hui, la magie sexuelle est une belle façon de redonner à la sexualité sa juste place de sexualité sacrée. C'est une invitation ferme

à abandonner la voie du sexe furtif, caché dans l'ombre et « pécheur » avec lequel la plupart d'entre nous ont grandi. C'est un appel à cesser de lutter contre cette force humaine la plus puissante et à en exploiter les possibilités.
Puisque la sexualité est un don de Dieu/la Déesse, elle doit être divine. Au sein d'une relation sexuelle ouverte et respectueuse, nous pouvons faire l'expérience de nous-mêmes dans tous nos aspects : la part animale, la part humaine et la flamme divine qui est en nous. Ainsi l'homme-bête-Dieu est relié, de même que la femme-bête-Déesse.
Pendant l'excitation sexuelle, une énorme quantité d'énergie peut être canalisée vers le haut, des organes génitaux le long de la colonne vertébrale jusqu'au sommet du crâne. En montant, cette énergie remplit et nettoie les blocages des chakras causés par des blessures émotionnelles et psychologiques. Cela explique pourquoi plusieurs voies spirituelles considèrent le yoga sexuel comme un raccourci vers l'illumination.
La forte force sexuelle est « l'huile brute de notre corps », comme l'a dit Lama Yeshe. Plusieurs praticiens de la magie sexuelle ont rapporté que cette forme de magie s'est révélée bien plus puissante que la magie cérémonielle qu'ils avaient pratiquée auparavant.
La magie sexuelle ne nécessite pas de

connaissance préalable de la magie cérémonielle. Toute personne déterminée à maîtriser et diriger ses énergies sexuelles à des fins magiques, et qui jouit d'une condition physique raisonnable, est capable de pratiquer la magie sexuelle.

En magie sexuelle, nous nous concentrons essentiellement sur un objectif par affirmation, visualisation, etc. ; nous accumulons beaucoup d'énergie par une excitation sexuelle prolongée et nous libérons cette énergie au moment de l'orgasme.

L'objectif en magie sexuelle peut être l'obtention ou l'attraction de n'importe quoi de désiré dans le monde physique : une nouvelle maison, une meilleure relation, une guérison. Il peut aussi s'agir de charger des outils ou talismans magiques. Et l'objectif peut être le développement spirituel.

Cette forme contrôlée d'amour pour des desseins supérieurs est souvent citée comme l'explication ultime de la célèbre phrase de Crowley : « L'Amour est la Loi, l'Amour sous la Volonté. »

Par amour, Crowley entendait l'union des opposés masculin et féminin, actif et réceptif, et non tant l'amour romantique. L'orgasme est considéré comme le moment où « les portes du ciel s'ouvrent » ; pendant un bref instant, les barrières entre le monde physique limité et les cieux illimités se dissolvent.

Pendant ces précieux moments orgasmiques, nous projetons notre désir magique dans l'univers avec une puissance énorme et un « enfant magique » naît. Cet enfant magique est l'effet astral de notre action magique qui aboutira à la manifestation.
Les fluides sexuels de l'homme et de la femme sont chargés de qualités puissantes en raison de leur magie et peuvent être utilisés à plusieurs fins.
Les orgasmes de magie sexuelle sont intenses. Après un rituel avec un partenaire, je me sens empreint de révérence et de gratitude, conscient d'avoir partagé quelque chose de profondément significatif.
Une fois que l'on connaît les profondeurs et les valeurs de la magie sexuelle, je me demande si un partenaire qui préférerait s'en tenir au sexe « normal » pourrait encore satisfaire vos besoins.
Beaucoup ont suggéré que les Succubes et Incubes prélèvent le sperme des émissions nocturnes, ou que certains incubes extraient le sperme des cadavres. Quand le Diable apparaissait au Sabbat, surtout sous la forme d'un Homme-Chèvre ou d'un Homme Noir (noir de suie ou couvert de boue), son membre était aussi grand que celui d'un mulet, aussi épais que possible, et enflammait de désir toutes les sorcières présentes afin que chacune connaisse le diable de cette manière.

Vous pouvez aussi créer des Succubes et Incubes pour copuler avec eux en rêve. Cela se fait simplement en créant un sigil ou une image représentant la forme désirée. Le sorcier plus avancé peut invoquer par un rituel un démon ou une intelligence spirituelle. Vous visualisez le sigil puis formez le corps selon votre désir charnel. Vous vous masturbez ou utilisez d'autres moyens d'auto-stimulation, en vous concentrant tout le temps sur le démon en question.
Au moment de l'éjaculation ou de l'orgasme, oignez le sigil avec l'élixir. Vous pouvez lier le sigil dans une pochette ou le recouvrir d'une manière appropriée, avec les huiles correspondant au démon. Vous pouvez aussi enterrer la pochette si vous le souhaitez ; quand vous cherchez la copulation ou l'inspiration, concentrez-vous simplement sur le sigil lui-même. Vous remarquerez des relations sexuelles oniriques qui peuvent vous réveiller excité. Pour détruire l'esprit, brûlez la pochette et son contenu, puis recouvrez de sel.

Le Chant Sinistre

Le chant sinistre se divise en trois méthodes distinctes, toutes ayant le même but général : produire de l'énergie magique. Le type et l'effet de cette énergie varient selon la méthode employée.

La première méthode est la vibration de mots et de phrases ; la deuxième est le chant proprement dit ; la troisième est le « Chant Ésotérique » – c'est-à-dire le suivi d'un texte spécifique chanté dans l'un des modes ésotériques.
La vibration est la méthode la plus simple et consiste à « projeter » le son. On prend une profonde inspiration et on « expulse » la première partie du mot à vibrer avec l'expiration. Cette expiration doit être contrôlée – l'intensité du son doit être prolongée (pas moins de dix secondes par partie du mot) et aussi constante que possible. La personne inhale ensuite et répète le processus pour la partie suivante du mot, etc.
Ainsi « Satanas » serait vibré comme Sa – tan – as. La vibration n'est ni un cri ni un hurlement, mais une concentration d'énergie sonore. La vibration doit engager tout le corps et représenter un effort physique.
Une pratique régulière est essentielle pour maîtriser la technique ; l'individu doit apprendre à projeter à différentes distances (de trois à dix mètres ou plus) et à augmenter la puissance de la vibration elle-même. L'essence de la méthode est un son contrôlé de même intensité tout au long de chaque partie du mot et du mot ou texte entier.
Le chant est essentiellement le fait de chanter des mots ou un texte sur une tonalité régulière

– c'est-à-dire dans la même clé, bien que la dernière partie du chant soit généralement « embellie » en chantant d'abord sur une note plus haute puis plus basse. Le rythme du chant varie et peut être lent (ou funèbre) ou rapide (ou extatique) selon la cérémonie et l'humeur des participants.
C'est l'une des tâches du Maître ou de la Maîtresse qui dirige le Temple que d'entraîner la congrégation et les nouveaux membres aux trois méthodes de chant ; à cet effet, des sessions régulières de pratique doivent être organisées. Le chant, quel qu'il soit, correctement exécuté, est l'une des clés de la génération d'énergie magique pendant un rituel cérémoniel et, comme l'exécution dramatique d'un rituel, son importance ne saurait être surestimée.

Diabolus

Dies irae, dies illa
Solvet saeclum in favilla
Teste Satan cum sybilla.
Quantus tremor est futurus
Quando Vindex est venturus
Cuncta stricte discussurus.
Dies irae, dies illa !

Sanctus Satanas

Sanctus Satanas, Sanctus
Dominus Diabolus Sabaoth.
Satanas – venire !
Satanas – venire !
Ave, Satanas, ave Satanas.
Tui sunt caeli,
Tua est terra,
Ave Satanas !

Oriens Splendor

Oriens splendor lucis aeternae
Et Lucifer justitiae : veni
Et illumine sedentes in tenebris
Et umbra mortis.

Invocation à Baphomet

Nous nous tenons armés et dangereux devant les champs sanglants de l'histoire ;
Dépourvus de dogme – mais prêts à tailler, à défier l'éphémère :
Prêts à frapper de notre volonté pénétrante,
À tendre chaque laisse, à dévaler en hurlant la pente de l'Homme :
Prêts et désireux d'immoler monde après monde
Dans notre éclat stupéfiant.
Et que tous chantent que NOUS fûmes là, en

Maîtres
Parmi l'espèce défaillante appelée Homme.
Notre être prit forme dans la défiance
Pour affronter votre regard meurtrier.
Et maintenant nous voyageons de flamme en flamme
Et nous élevons de la volonté à la gloire !
AGIOS O BAPHOMET ! AGIOS O BAPHOMET!
À toi, Satan, Prince des Ténèbres et Seigneur de la Terre,
je dédie ce Temple : qu'il devienne, comme mon corps,
un vaisseau pour ton pouvoir et l'expression de ta gloire !
Avec ce sel je scelle la puissance de Satan !
Avec cette terre je dédie mon Temple.
Satanas – venire ! Satanas venire !
Agios o Baphomet !
Je suis dieu imprégné de ta gloire !

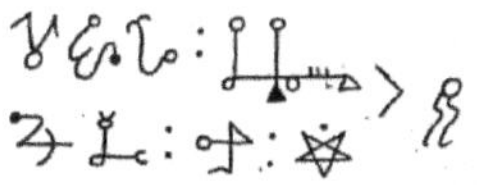

Rites et Invocations Démoniaques

Rite d'Ordination

Je me suis offert en sacrifice sur l'autel de Satan.
Je suis descendu dans les Enfers, franchissant le fleuve Styx.
J'ai été baptisé dans le fleuve Styx et dans les Flammes de l'Enfer.
J'ai invoqué le Seigneur des Enfers, le Seigneur des Morts,
Et en invoquant le Seigneur des Enfers, le Seigneur des Morts,
Je suis devenu le Seigneur des Enfers, le Seigneur des Morts.
Je me suis assis sur le Trône des Enfers, en tant que Seigneur des Enfers et Seigneur des Morts.
J'ai pris la Reine des Enfers, la Reine des Morts, comme épouse et comme amante.
Mais je suis ressuscité à l'Image de Satan, en démon vivant dans la chair.
(tremper l'index gauche dans « l'huile d'onction impie », tracer un pentagramme inversé sur le front, puis dire :)
Je suis ordonné prêtre du Seigneur des

Ténèbres et Ambassadeur de Son Empire Infernal.

Invocation du Seigneur de la Terre

J'appelle le Seigneur de la Terre, le Dieu Cornu de la Terre.
Pan, Bacchus, Dionysos, Cernunnos, Herne,
Seigneur de la Terre, Dieu Cornu de la Terre,
Viens et manifeste-toi.
Seigneur de la Terre, je T'invoque.
Seigneur de la Terre, je Te convoque.
Seigneur de la Terre, je Te conjure.
Viens, Seigneur de la Terre, et manifeste-Toi
Dans ce corps, ce temple que j'ai préparé.
Viens, Seigneur de la Terre, et manifeste-Toi.
Viens, Seigneur de la Terre, et manifeste-Toi.

Invocation d'Hécate

Hécate, je T'invoque.
Hécate, je Te convoque.
Hécate, je Te conjure.
Viens, Hécate, et manifeste-Toi
Dans ce corps, ce temple que j'ai préparé.
Viens, Hécate, et manifeste-Toi.
Viens, Hécate, et manifeste-Toi.
Ouvre grand Ta porte afin que je puisse passer.
Ouvre grand Ta porte afin que je puisse monter les sphères planétaires.
Viens, Hécate, et manifeste-Toi.

Viens, Hécate, et manifeste-Toi.
(boire au calice, puis dire :) J'ai franchi la Sphère Lunaire.

Invocation de Thot

Thot, je T'invoque.
Thot, je Te convoque.
Thot, je Te conjure.
Viens, Thot, et manifeste-Toi
Dans ce corps, ce temple que j'ai préparé.
Viens, Thot, et manifeste-Toi.
Viens, Thot, et manifeste-Toi.
Ouvre grand Ta porte afin que je puisse passer.
Ouvre grand Ta porte afin que je puisse monter les sphères planétaires.
Viens, Thot, et manifeste-Toi.
Viens, Thot, et manifeste-Toi.
(boire au calice, puis dire :) J'ai franchi la Sphère Mercurienne.

Invocation d'Ishtar

Ishtar, je T'invoque.
Ishtar, je Te convoque.
Ishtar, je Te conjure.
Viens, Ishtar, et manifeste-Toi
Dans ce corps, ce temple que j'ai préparé.
Viens, Ishtar, et manifeste-Toi.
Viens, Ishtar, et manifeste-Toi.
Ouvre grand Ta porte afin que je puisse passer.

Ouvre grand Ta porte afin que je puisse monter les sphères planétaires.
Viens, Ishtar, et manifeste-Toi.
Viens, Ishtar, et manifeste-Toi.
(boire au calice, puis dire :) J'ai franchi la Sphère Vénusienne.

Invocation d'Azael

Azael, je T'invoque.
Azael, je Te convoque.
Azael, je Te conjure.
Viens, Azael, et manifeste-Toi
Dans ce corps, ce temple que j'ai préparé.
Viens, Azael, et manifeste-Toi.
Viens, Azael, et manifeste-Toi.
Ouvre grand Ta porte afin que je puisse passer.
Ouvre grand Ta porte afin que je puisse monter les sphères planétaires.
Viens, Azael, et manifeste-Toi.
Viens, Azael, et manifeste-Toi.
(boire au calice, puis dire :) J'ai franchi la Sphère Solaire.

Invocation d'Abaddon

Abaddon, je T'invoque.
Abaddon, je Te convoque.
Abaddon, je Te conjure.
Viens, Abaddon, et manifeste-Toi
Dans ce corps, ce temple que j'ai préparé.

Viens, Abaddon, et manifeste-Toi.
Viens, Abaddon, et manifeste-Toi.
Ouvre grand Ta porte afin que je puisse passer.
Ouvre grand Ta porte afin que je puisse monter les sphères planétaires.
Viens, Abaddon, et manifeste-Toi.
Viens, Abaddon, et manifeste-Toi.
(boire au calice, puis dire :) J'ai franchi la Sphère Martienne.

Invocation de Marduk

Marduk, je T'invoque.
Marduk, je Te convoque.
Marduk, je Te conjure.
Viens, Marduk, et manifeste-Toi
Dans ce corps, ce temple que j'ai préparé.
Viens, Marduk, et manifeste-Toi.
Viens, Marduk, et manifeste-Toi.
Ouvre grand Ta porte afin que je puisse passer.
Ouvre grand Ta porte afin que je puisse monter les sphères planétaires.
Viens, Marduk, et manifeste-Toi.
Viens, Marduk, et manifeste-Toi.
(boire au calice, puis dire :) J'ai franchi la Sphère Jupitérienne.

Invocation de Cronos

Cronos, je T'invoque.
Cronos, je Te convoque.

Cronos, je Te conjure.
Viens, Cronos, et manifeste-Toi
Dans ce corps, ce temple que j'ai préparé.
Viens, Cronos, et manifeste-Toi.
Viens, Cronos, et manifeste-Toi.
Ouvre grand Ta porte afin que je puisse passer.
Ouvre grand Ta porte afin que je puisse monter les sphères planétaires.
Viens, Cronos, et manifeste-Toi.
Viens, Cronos, et manifeste-Toi.
(boire au calice, puis dire :) J'ai franchi la Sphère Saturnienne.

Invocation de Lilith

Lilith, je T'invoque.
Lilith, je Te convoque.
Lilith, je Te conjure.
Viens, Lilith, et manifeste-Toi
Dans ce corps, ce temple que j'ai préparé.
Viens, Lilith, et manifeste-Toi.
Ouvre grand Ta porte afin que je puisse passer.
Ouvre grand Ta porte afin que je puisse descendre dans le Royaume du Chaos.
Viens, Lilith, et manifeste-Toi.
Viens, Lilith, et manifeste-Toi.
(boire au calice)

Glossaire

Messe Noire - Rituel de l'Église de Satan ; accompli pour blasphémer et libérer les participants de l'emprise de tout ce qui est largement considéré comme sacré, pas seulement la religion organisée – contrairement à la Messe Noire traditionnelle qui est une parodie blasphématoire du catholicisme.

Commandement du Regard (Command to Look) - Titre d'un traité photographique de William Mortensen publié en 1937 ; désigne les techniques de magie mineure utilisées pour envoûter la proie choisie en captant son regard, en imposant l'attention et l'obéissance.

Cui Bono - Expression latine signifiant « à qui cela profite ? » ; l'hypothèse étant que personne n'agit jamais autrement que dans son propre intérêt.

Magie Majeure (Greater Magic) - Magie cérémonielle ou rituelle, exécutée dans des conditions précises avec des instruments spécifiques pour atteindre un objectif déterminé ; par opposition à la magie mineure ou à la prestidigitation.

Loi de l'Invisibilité (Law of Invisibility) - Tour du cerveau qui permet de ne pas voir quelque chose/quelqu'un même si les indices visuels sont présents, simplement parce que l'observateur ne s'attend pas à le voir dans ce contexte particulier.

Loi de l'Interdit (Law of the Forbidden) - Ce qui est censé rester caché ou interdit exerce la plus grande fascination.

Loi du Trapézoïde (Law of the Trapezoid) - Formation magique récurrente : pyramide dont le sommet est tronqué (appelée « frustrum »). En raison de sa masse dominante inhérente, elle agit comme un aimant pour des phénomènes écrasants, parfois dévastateurs – angles et plans spatiaux qui provoquent l'angoisse, c'est-à-dire non harmonieux avec l'orientation visuelle, engendrant des comportements aberrants.

Magie Mineure (Lesser Magic) - Psychologie appliquée et enchantements quotidiens utilisés pour atteindre des objectifs désirés.

Lex Talionis - Loi de la jungle ou de la griffe ; ordre naturel où les faibles sont autorisés à périr et les forts survivent. « La survie du plus apte » de Darwin.

More of the Same - Règle de pouce utile pour concevoir un archétype adapté et pour traiter avec autrui en lui donnant exactement ce qu'il attend – souvent plus qu'il ne l'avait prévu.

Vampire Psychique (Psychic Vampire) - Terme créé par LaVey, aujourd'hui largement utilisé pour désigner les individus manipulateurs qui vident les autres de leur énergie vitale, leur imposent des sentiments de culpabilité ou de responsabilité, sans remplir aucune fonction apparente.

Sexe, Sentiment et Merveille (Sex, Sentiment and Wonder) - Trois grandes catégories dans lesquelles peuvent être classées toutes les images archétypales.

Rituel du Shibboleth (Shibboleth Ritual) - Rituel psychodramatique pratiqué aux premiers temps de l'Église de Satan au cours duquel les participants endossent les personnalités de ceux qu'ils méprisent le plus ou qui leur posent problème, afin de les exorciser.

Suspension de l'Incrédulité (Suspend Disbelief) - Disposition volontaire à mettre temporairement de côté ses attentes pour créer une atmosphère plus favorable à l'expérimentation magique.

Ur Song - Ensemble de vibrations et résonances archétypales.

www.ingramcontent.com/pod-product-compliance
Lightning Source LLC
Chambersburg PA
CBHW072140160426
43197CB00012B/2187
9798994083505